벌
새

はちどり

House of Hummingbird

1994年、
閉ざされることのない記憶の記録

キム・ボラ 著

チェ・ウニョン、ナム・ダウン、
キム・ウォニョン、チョン・ヒジン、
そして、アリソン・ベクダル

根本理恵 訳

一日中、仕事部屋に座っていると、
窓の外では落ち葉が舞い散っていく。
夜には明かりに誘われて蛾が飛んでくる。
ここに来てから、ほとんど毎日のように泣いている。
なにやら満ち足りた思いに、ある懐かしさに、うれしさに、
恥ずかしさに泣いてしまう。たくさんのものを見た。
とても多くのことを感じた一年だった。

　　　──2013年冬、シナリオ初稿を修正しながら書いた日記より

なぜこれは記憶していて、あれは記憶していないのか。なぜ過去の細かいことを一週間ずっと、一か月ずっと、それよりもっと長く記憶しているのか。そして再び、暗闇と白紙の状態に戻るのか。

──ドリス・レッシング

赤紫色の制服を着たわたしが歩いている。年は20代後半だが、もう一度、3年間、中学校に通わなければならない。身を切るような風が吹いてくる。教室で生徒たちを見ながら、愕然とした。新しい国と新しい言語のなかで、アイデンティティーが揺れていた大学院の留学時代、わたしは時々、中学校にもう一度通う夢を見た。中学生の頃、春、夏、秋がなかったわけではないのに、夢のなかの季節はいつも冷たい冬だった。冷や汗をかきながら夢から覚めると、中学校に通わなくてもよいという事実に胸を撫でおろした。ドリス・レッシングのことばのようにわたしは、なぜこれを記憶しているのかについて、自らに問い始めた。

その問いに答えるために、あらゆる記憶を執拗にかき集めて記録した。スマホのノートやボイスレコーダー、日記帳、メモ帳、書けるものすべてに。映画『はちどり』はそうして始まった。

わたしの記録は幼少期へと遡り、まず2011年に短編『リコーダーのテスト』をつくり上げ、残っていた膨大な記録を集めて2012年、『はちどり』のトリートメントを完成させた。最初に書き綴った文章は有機的ではなく、かけらの集まりだった。2013年に初稿を仕上げ、その後数年間、修正していくなかで『はちどり』は、かけらから有機的なひとつの物語に生まれ変わった。

初稿は、まるでわたしそのものだった。すべてがわたしの物語のように思えた。しかし、修正を重ね、その物語はみんなの物語になっていった。わたしはモニタリングを数十回行い、『はちどり』を誰にでも通じるストーリーにすることに力を注いだ。アメリカ、ヨーロッパ、アジア各国の友人と知人にシナリオの感想を聞いた。中学生から70代まで、さまざまな人たちにシナリオを渡し、意見交換をしてもらったのである。なぜそこまでしたのかと振り返ってみると、内密の話をすることに恐怖を感じていたからだ。また女性として、仕事において、より完璧でなければならないという過度な強迫観念も働いた。わたしはなんとしてでも、この物語をわたしひとりのものではなく、広がりのあるストーリーにしたいと思った。ところが、その過程で気づいたことは、至極「わたしの物語」であるものは、結局は他人の物語になり得るという当然の結論だった。最も具体的であるほど、それは最も普遍的になり得るということを。

"『はちどり』が夢から始まり、シナリオとして完成するまでの間、
とても多くのことを見て、感じた"

『はちどり』をつくりながら、映画のなかの人物として、距離を置いて家族を見つめることができるようになり、その「距離」によって、家族を深く理解するようになった。そうして家族との和解が進むにつれて、シナリオは良くなった。また、自分と正面から向き合うにつれて、文章はさらに完全な姿に近づいていった。

『はちどり』が夢から始まり、シナリオとして、そして映画として完成するまでの間、とても多くのことを見て、感じた。最初はわたしがヨンジだと思ってシナリオを書き始めた。しかし、『はちどり』を完成させる長い時間のなかで、わたしのなかのウニに何度も会うことになった。わたしは間違っていないと泣きじゃくっていたその子に、自分を愛することができず、恥じらっていたその子に。家があるのに家はないと感じていたその子と、何度も顔を合わせた。その子に集中的に会う過程は、わたしが避けたかった影と出会うことでもあった。カッコよくていい人だと勘違いしていたわたしの姿のなかに、依然として泣きじゃくっている中学生の子がいるということに、最初は耐えられなかった。

わたしはひどいうつ状態に陥り、それが周囲に知られそうで怖かった。人に会いに行くと、平気なふりをしている自分を眺めているわたしがいた。2014年から2017年、集中的に瞑想の講座やグループカウンセリング、個人カウンセリングを受けた。インドに数回行き、友人たちと瞑想の集まり「いちじく」を立ち上げ、定期的に話し合いをした。わたしにできるすべての手段を使い、自分と向き合った。そして、家族との積もり積もった長年のわだかまりを、ひとつ残らず解消したい一心で奮

闘し、和解した。家族はわたしに、もういい、過去のことを蒸し返すの
はやめようと言った。しかし、わたしは執拗に問い質し、闘い続けた。

その闘いに費やすエネルギーは凄まじいものだった。わたしはこの機
会を逃したら、もうあとがないという思いで、自分と家族に向き合った。
わたしたち家族は平和だった関係を壊し、立て直すなかで話し合いを
重ねた。偽りの平和と嘘を暴き出し、隠れていた暗闇を叩き壊した。

驚いたことに、深い憎しみの果てに訪れたのは愛だった。

ある日、わたしと父、そして母がリビングで一緒にテレビを観ていた。
寒い冬だったので、一枚の布団を掛け合って。すると、父がわたしの
手を握った。その瞬間、全身をぬくもりが駆けめぐった。わたしも父も、
ことばこそ口にしなかったが、わたしたちがこうして互いを愛し、信じ
合えるようになったことへの深い喜びと安堵がにじんでいた。ことばで
は言い尽くせない祝福だった。わたしがふたりを愛せるようになったの
は、血縁としての家族だからではなかった。愛するに値するから、ふた
りを愛せるようになったのだ。ふたりがわたしを心から愛してくれて、家
に帰ってきたと初めて思わせてくれたから。

『はちどり』をつくる過程は、家のない状態から始まり、ようやく家を見
つける過程だった。すべてが癒されたと言うつもりはない。すべてを愛
し、許せるようになり、許しを求めたと言うつもりもない。ただ確かなの

は、わたしがその過程で人間を愛せるようになったということだ。人間的というのは時に残酷で冷ややかで苦しく、そして癒して愛する、そのすべてが含まれるものだった。

撮影が終わった数日後、わたしはまた中学生の頃の夢を見た。生徒たちが全員、わたしを歓迎してくれ、わたしは家に帰ってきたような穏やかな気持ちになった。夢から覚めた時、神秘的で明るい兆しが見えた。なにかが剥がれ落ちた。ああ、もうこれで本当に終わったんだなと思った。

House of Hummingbird

はちどり

キム・ボラ

はじめに

・本書に掲載されたシナリオには、映画でカットされた箇所が含まれています。
・シナリオ箇所の統一表記は他ページと区別しています。
・映画の表現とは異なる箇所もあり、できる限り原書を反映しました。

S# 1.　室内。マンションの廊下 ― 昼

ピンポン。

中学生の女の子が玄関の前で、ドアが開くのを待っている。かわいさの中に繊細さがにじんだ表情。14歳の女の子、ウニ。手に持った黒いビニール袋から長ネギが突き出ている。ウニ、もう一度、ベルを押す。ピンポン。誰もドアを開けてくれない。心配そうな表情のウニ。もう一度、ベルを押す。ピンポーン。

ひと気のない、がらんとした外廊下。

ウニ、さらにもう一度、ベルを押す。ピンポン、ピンポン、ピンポン。ドアは開かない。ウニ、たちまち顔を歪めると、激しくドアを叩き始める。

　　　ウニ

　　　開けて！　イタズラしないで!

　　　帰ったんだから…!!!

　　　開けてよ、開けてってば!

ドアが壊れそうなほど叩くウニ、怒りに満ちた顔。すると、ふと何かに気づく。玄関に書かれた部屋番号。902号。

呆然とした表情のウニ。気を取り直し、振り返りもせずに階段で1階、上がる。

1002号室の玄関前。

ウニ、ドアの前に立ち、しばらくためらっていたがベルを押す。ピンポン。すぐにドアが開く。家の中のぬくもり。平和な週末のテレビの音。ウニの母 (40代) だ。丸々として穏やかな印象。

　　　母

　　　おかえり。

ウニ、先ほどまで死闘を繰り広げていたことなど、顔にはいっさい出さないまま、返事をする。

ウニ
うん…。

母
ネギはこれしかなかった？
ちょっとしなびてるみたいだけど…。

母の日常的な話が続く間、カメラはウニの顔を凝視する。まるで何事もなかった
かのように行動するウニ。しかし、ウニの顔にはまだ不安が残っている。揺れる
瞳。ある種の悲しみ。

はちどり
1994年、ソウル

S# 2．室内。中学校、廊下 ― 昼休み

生徒たちが大挙して教室と教室の間を移動中である。ベートーベンに似たもじゃ
もじゃ頭に小柄で痩せている男性、担任 (40代前半) が大声を張り上げる。

ベートーベン
A組右側、B組左側通行！
B組の勉強もできない奴らは左側通行もできないのか？

生徒たちは担任の号令に、いっせいに半分に分かれ、廊下を大移動する。

S# 3. 室内。中学校、教室 — 昼

生徒1 (14歳) が起立して、英語の教科書を読んでいる。

生徒1
Let's talk about our hobbies.
Mi-ran likes to write letters.
I like to read books. What do you like to do, Jane?

緊張の面持ちで生徒1を見ているウニ。生徒1は英語を読んでいる。他の生徒
たちも次の番が回ってくるのではないかと、緊張しながら聞いている。

ベートーベン
(V.O) よし。その後ろ、次の段落を読んでみろ。
大きな声で。

生徒1の後ろに座っているのはウニである。

ベートーベン
(V.O) 後ろのお前が読んでみろって。

生徒たちがいっせいにウニを見る。ウニはすっかり凍りついた表情で読み始め
る。とてもたどたどしく。

ウニ
I like to cook. On Sunday I go to the store and buy food.
I like to cook with my mother.

ウニの顔に恥じらいがにじむ。

S# 4.　室内。中学校、教室 ─ しばらく後

休み時間。生徒たちが騒いでいる間、ウニは机に顔を横に向けて伏せたまま落書きをしている。

黒いハードカバーの MICHIKO LONDON のノート。そのノートにまるで漫画本のようにコマ割りをして、熱心に漫画を描いているウニ。ドッジボールをしている主人公たちの会話が吹き出しを埋めていく。Hi-tec のグレーのペンでスクリーントーンのような効果を出すウニの手。

その時、スカートに隠し持っていたポケベルが鳴る。ウニ、液晶画面を見ると、一気に顔が明るくなる。

PHILIPS のポケベルの液晶画面に浮かんだ文字。

　　" 1004 486（天使、愛してる）"

S# 5.　室外。中学校、運動場 ─ 昼

ウニ、運動場を横切って出てくる。他校の制服を着た男子中学生、ジワン（14歳）が正門の前でウニを待っている。背が高く、美男子だ。ジワンに親しげな素振りを見せるウニ。顔に喜びが漂っている。

S# 6.　室外。学校の前の小道 ─ しばらく後

小道を仲睦まじく歩いているジワンとウニ。ウニをじっと見つめていたジワンが言う。

　　ジワン
　　ウニの目は子鹿みたいだ。

ウニ

すごく幼稚なこと言ってる。

ウニがクスッと笑うと、ジワンもつられて笑う。ジワンがウニの顔を撫でる。

ウニ

（笑いながら）やめてよ…。

ジワンは意に介さず、またウニの顔を手で触る。ウニ、避けながらもクスッと笑う。

S# 7. 室内。ウニの家、ウニの部屋 ─ 昼

ウニ、制服のブレザーをしまうためにクローゼットの扉を開ける。

クローゼットの中で姉のスヒ（18歳）が体をすくめている。ムースで立たせた前髪と厚化粧のスヒ。

スヒ

シーッ。

まさにその時、別の部屋から出てくる誰かの足音が聞こえる。ウニ、そんなことは初めてではないらしく、クローゼットを素早く閉めると、机に座って本を開く。

父（40代半ば）が部屋に入ってくる。背が高く、神経質そうな印象である。

父

スヒはいつ出かけた？

ウニ

知りません。

父

塾からまた電話があった。

あいつは今日もサボって、どこ行ったんだ…。

まったく手に負えない。お前も早く漢文塾に行け。

父は舌打ちしながら部屋を出ていく。ウニも後について行き、父を見送る。

ウニ

いってらっしゃい。

父、玄関のドアをバタンと閉めて出ていく。父が出ていってからも、しばらく玄関の前に立ち、注意を傾けるウニ。外廊下から、エレベーターのドアが開く音が聞こえてくる。

ウニ、部屋に戻ってくる。

ウニ

お父さん、エレベーターに乗ったよ。

スヒ、クローゼットからさっと出てくる。鏡を見て身なりを整える。その様子を眺めているウニ。スヒ、部屋を出ていく。バタンと閉まる玄関ドアの音。

S# 8.　室外。漢文塾の建物 ― 昼

古いビルの中に入っていくウニ。階段を上がり、塾に入る。

S# 9.　室内。漢文塾、教室 ― 昼

黒板を埋めるようにびっしり書かれた『明心宝鑑』の漢字。黒板の前で次々と漢字を書いていく後ろ姿。男子大学生の先生 (20代半ば)。彼は一人で熱心

に内容を説明している。黒板の方を向いた彼のジーンズのロゴが見える。GET USED。

こぢんまりした漢文塾の教室にウニとジスク (14歳) が座っている。しっかり者の印象のジスクは、CK のロゴ入り T シャツを着ている。ジスクとウニ、黒板と先生を何気なく見ていたが、ノートに落書きをする。

　　　" あの野郎、ジーンズは GET USED しかない "

ウニが書く。" すごくダサい " クスクス笑う2人の少女。

S# 10.　室内。ジスクの家、リビング — 夕暮れ時

華やかなバロック調の白い家具、室内練習用のゴルフパターマット、運動器具でいっぱいのリビング。飾り棚には数々の輸入ウイスキーが置かれている。

　　　　　　　　　機械音
　　　　(O.S) Sex … Sex … Sex … Sex …

リビングの静かな風景の向こうから電子辞書の機械音が立て続けに聞こえてくる。

S# 11.　室内。ジスクの家、ジスクの部屋 — 夕暮れ時

ジスクとウニ、ジスクのベッドに並んで横になり、ごろごろしている。ベッドには封の開いたジンラーメンの袋が散らかっている。ジスクが電子辞書の再生ボタンを連続して押す。機械の女性の声が、とてもドライで客観的に「sex」を発音する。ジスクは続けて連続再生ボタンを押す。

　　　　　　　　　機械音
　　　　Sex … Sex … Sex … Sex …

ウニとジスクが笑い転げる。連続再生が終わり、沈黙。今度はウニが連続再生
ボタンを押す。再び満ちあふれる機械音。

機械音

Sex … Sex … Sex … Sex …

少女たちはずっとケラケラ笑っている。ジスクがもう一度、ボタンを押そうとする
と、やめるようにと制するウニ。ジスクは電子辞書で他の単語を探し、ひとつひ
とつ押してみる。そうしてジスクが電子辞書で遊んでいる間、ウニはインスタント
ラーメンを生のまま、ボリボリ食べる。

機械音

Hi … Hello … Korea … Korea

Love … hi … Hello … Hi … Sex …

S# 12. 室内。ウニの家、リビング ― 夜

父がリビングでウニの姉を叱っている。正座をしたまま、うつむいている姉、スヒ。

父
このアマ、何様のつもりだ。
大峙洞（テチドン）に住んでるのに、勉強ができなくて地元の高校に落ちて、
江北（カンブク）の学校に通って…。
そうやって親を泣かせるとは…。とんだ恥さらしだ…。
野たれ死にしろ、役立たずのクソアマ！

母は台所でテーブルを拭いている。向かいの部屋の前で見ていたウニの兄。端
整な髪形の模範生、デフン（15歳）がチェッと舌打ちしながら部屋に入っていく。

ウニ、見慣れたその光景を部屋のドアにもたれて見守っている。

その時、ピンポンとベルの音が響く。

家族全員、動きを止め、誰だろうと耳を傾ける。

　　　父
　　　(O.S) 何だ…、こんな時間に誰がベルを…、どこのクソ野郎が…。

ドアの開く音が聞こえる。

　　　母
　　　(O.S) 兄さん…！

S# 13.　室内。ウニの家、リビング ― 夜

酒に酔った三番目の伯父 (40代後半)、みすぼらしい身なりで悲しげな印象。
ヘラヘラ笑っている。伯父がテーブルに置かれたシッケ【米を発酵させた飲料】を
飲みながら話す。

　　　三番目の伯父
　　　俺は妹の中でスクチャを一番大事にしてるんだ…。
　　　でも俺の高校の学費を払うために、
　　　スクチャが勉強を続けられなかったのが一生、心残りだ。
　　　スクチャは本当に頭がよかったからな。
　　　学校に行ってたら、今頃は立派になってただろうに…。

母、三番目の伯父に褒められて、照れくさそうに笑う。

　　　三番目の伯父
　　　スクチャの誕生日も近いし…、ただ寄ってみたんだ。
　　　スクチャ…。

三番目の伯父が何かを話しかけてやめる。

気まずい沈黙が漂う。

三番目の伯父がリビングをゆっくり見回す。すると、ウニの母を見てにっこり笑う。
ウニの母、どう答えていいか分からず、また笑ってしまう。

> **三番目の伯父**
> …じゃあ帰るよ。

> **父**
> ああ、もう…。

> **三番目の伯父**
> キムさん、怒ってないだろ？

父、やや困惑した表情だが、あえて明るいふりをする。

> **三番目の伯父**
> スクチャ。兄さんは帰る。

> **母**
> 兄さん、もうお酒はやめて。困ったもんだわ…。

三番目の伯父は何も答えず、ウニの母を見てまたにっこり笑うだけである。その
笑顔にどことなく寂しさがにじんでいる。

> **スヒ、ウニ、デフン**
> さようなら。

三番目の伯父は振り返らずに出ていこうとするが、ドアの開け方が分からない。

三番目の伯父
これ、どうやって開けるんだ。ウニ。

ウニが素早く伯父の隣に行き、ドアを開ける。

伯父とウニの目が合う。伯父の目に涙がにじんでいるようだ。

三番目の伯父
ウニは今、いくつだったっけ。

ウニ
中学2年です。

三番目の伯父
そうか…。

伯父はこくりとうなずくと、ドアを開けてゆっくり出ていく。スヒとデフン、それぞれの部屋に戻る。父、夫婦部屋に入っていく。

父
お前の兄さん、どうかしてるぞ。
今、何時だ…。

母、答えずにリビングを片づける。ウニ、玄関の前に立っている。そして玄関ドアの鍵をかける。ガチャリ。

S# 14. 室内。餅屋の商店街、1階 ― 早朝

早朝の商店街。ウニが兄と一緒に商店街の床に白いカレトック【うるち米で作った細長い棒状の餅】を並べている。床に敷き詰められた数十枚の大きな袋の上に、2人はカレトックを並べていく。カレトックの山からカレトックを取り出すウニの慣

れた手つき。商店街の1階の隅に山積みになった細長いカレトック。

そのカレトックの大行列から白い湯気がもくもくと立ちのぼる。

S# 15.　室内。ファミリー餅屋、廊下 ― 昼

ファミリー餅屋という看板の下、ウニの家族全員、餅を売るのに忙しい。

　　　　母
　　　　はい、トゥトブトック【もち米粉や小豆、蜂蜜、砂糖などを使った蒸し餅】、3500ウォン
　　　　です、お客様！

母は優しく笑い、接客している。隣にいる姉は、餅を入れやすいようにビニール
袋の形を整えて置いている。父はその隣で、やきもきしながら見ている。

　　　　父
　　　　スヒ、ビニール袋はそうじゃなくて、こんなふうにしろって言っただろ！
　　　　しっかりやれよ、しっかり。うん？

父が声を荒らげると客が数人、ちらりと見る。さらに熱心にビニール袋を用意す
るスヒ。

　　　　客
　　　　まあ、家族総出ね。今日は行事があるみたいね？

　　　　母
　　　　はい〜、会社の大きい行事や注文が一気に入って。

店の前で餅を待っている客。身なりからして一様に富裕層のおばさんたち。

店はまるで戦場だ。隅に座り、カレトックを機械でスライスするウニ。

ウニ
たらいがいっぱいになりました。

薄く斜め切りにされたカレトックでいっぱいになった緑色のたらいを素早い手つきで隅に押しやり、空のたらいを置くスヒ。家族は、ウニがスライスしたカレトックを袋に詰めて包装する。

ウニ、もう一度、機械を作動させるためにバーを上げ、同時に細長いカレトックを機械の入り口に入れる。スヒが隣でカレトックにごま油をさっと塗る。さらに滑らかに入っていくカレトック。スライスされたカレトックが、空のたらいを埋めていく。目まぐるしいスピード。

耳鳴りのように聞こえる機械の音。ガタン、ガタン、ガタン。

S# 16. 室内。ウニの家、リビング — 夜

突然の静けさ。家族がリビングに集まって座り、その日の売り上げを数えている。大きな袋いっぱいに詰められた紙幣。慣れた手つきで紙幣を数える母と姉。ウニはうまくできず、手で1枚1枚、数えている。兄は1万ウォンずつ束にしている。

全員、押し黙っている。

部屋中に漂っている疲労感。紙幣を数える音だけがパタパタと聞こえる。

指が痛いのか、紙幣を数えている途中、何度も手を振るウニ。ウニの赤く熱くなった指。ピンク色の指が痛々しい。

S# 17.　室外。ウニのマンション全景 — 夜

夜の団地。ウニのマンション。ずらりと立ち並んだマンション、窓から見える明かり。

S# 18.　室内。バス — 朝

朝、登校中のバスに座っているウニ。バスのけたたましいエンジン音と、にぎやかな生徒たちの声。ウニ、何気なく窓の外を眺めている。

するとふと、耳の下を触る。何かが手に当たる。異物感。ウニ、ずっと耳の下の辺りを触っている。

S# 19.　室外。学校の前、横断幕の道 — 朝

ウニは生徒たちと少し離れ、1人で歩いていく。ウニが歩いていく道に赤い血のような絵の具で書かれた横断幕が掛かっている。

" 私たちは死んでもここから立ち退かない "

その背後に、取り壊されていく灰色のコンテナの家が見える。

S# 20.　室内。中学校、教室 — 朝

担任のベートーベンが教卓の前に立ち、かなり真剣な表情で生徒に説教をしている。

　　ベートーベン
　　俺たちは毎日毎日、生きていくんじゃない、

一日一日、死に近づいていくんだ。
つまり今日は、死までの一日目だ。
お前たちは中学2年だ。もうすぐ2学期、あっという間に中3になる。
お前たちが今日一日をどう使うかによって、
お前たちの未来が変わってくる。

生徒たちはやや驚愕した顔で先生の話を聞いている。

　　ベートーベン
　　今日からお前たちのために、
　　不良の特定作業を始める。
　　今から配る白い紙に不良の名前を2人ずつ書き出せ。
　　タバコを吸ってる奴、勉強せずに恋愛してる奴、
　　カラオケに行く奴は全員、不良だ。
　　分かったか？　叫ぶぞ。

担任は右手でぎゅっと拳を握り、スローガンを叫ぶ。

　　ベートーベン
　　私はカラオケの代わりにソウル大に行く！

生徒たちはしかたなく、担任の後についてスローガンを叫ぶ。

　　ベートーベン
　　動きもつけて！
　　私はカラオケの代わりに！　ソウル大に行く！

自分のスローガンに酔ったベートーベンが腕をあちこち振り回して踊り出す。生徒たちは全員、この滑稽なスローガンを後について叫ぶ。ウニも虚ろな目で一緒に叫ぶふりをする。しかめっ面をして。

担任が紙を配り始め、生徒たちは1枚ずつ、後ろに渡す。顔を見合わせていた

生徒たちは1人2人と手で紙を隠し、名前を書き始める。ウニも紙を受け取った。
ウニ、何も書かず、黙って紙を見ている。

白い紙。

S# 21．室外。トランポリン場 ― 昼

画面いっぱいにウニの顔が跳び上がる。そしてジスクの顔も跳び上がる。

> **ジスク**
> **ウニは変な担任に当たったね。**
> **メチャクチャひどい奴みたいだけど…。**

> **ウニ**
> **変なのはあの先公だけじゃない。**
> **みんなクソばっかり。**

町のテニス場の空き地に、ぽつんと置かれたトランポリン。2人はしばらくの間、
ずっとトランポリンを跳んでいる。午後の日差しがまぶしい。

S# 22．室内。ウニの家、玄関 ― 昼

ウニ、鍵を開けて家に入ってくる。父はリビングで、社交ダンスのブルース音楽
をかけてダンスの練習中である。青い背広を着てめかしこんだ父、ウニに気づ
くと急にもたもたする。ぎこちない動きで音楽を消す父。ウニと父、気恥ずかし
そうに目を合わせる。

> **ウニ**
> **ただいま。**

父
テニスの練習をしてるんだ。

気まずい静寂。ウニ、部屋に入ろうとした途端、

父
父さんはテニスに行ってくるよ。

父が玄関の方に来る。靴を履く父の手にはシューズバッグのようなものが握られ
ている。ウニ、玄関に立ち、おずおずと父を見送る。

ウニ
(腰を曲げて深々と頭を下げ) いってらっしゃい…。

父、何の返事もせずに出ていく。

S# 23.　室内。ウニの家、夫婦部屋 ― 昼

母の化粧台の中をしきりに探すウニ。その時、部屋のドアが開き、母が立って
いる。

母
お父さんは何を着て出かけた?

ウニ、答えられない。母はクローゼットに行き、父の服を探す。ウニ、盗み見て
いた物を元の場所にそっと置く。母、青い背広がなくなっていることに気づき、
黙って立っていたが、ウニに注意を向ける。

母
じゃがいものチヂミとヨーグルトがあるから食べて。
兄さんが塾から帰ったら、ご飯の用意をしてあげて。

（出ていこうとして立ち止まり）お母さんの物を勝手にいじらないで。

母、そのまま出ていってしまう。どこか気が抜けた様子で。

母が出ていった後、もう一度、夫婦部屋を隅々まで探すウニ。ウニが何を探しているのか分からないが、母の裁縫箱を開けてみたり、クローゼットを開けて服を探したりしている。すると手を止め、ぽつんと部屋にたたずむウニ。

S# 24.　室内。ウニの家、ベランダ ― 夕暮れ時

洗濯機の前にしゃがんで、じゃがいものチヂミをがつがつ食べているウニ。1枚食べ終えると、残りにアルミホイルをかぶせる。立ち上がろうとするが、アルミホイルを剥がし、残りのじゃがいものチヂミを食べるウニ。がつがつ。

S# 25.　室外。開浦団地の一本道 ― 放課後

ジワンとウニが手をつないで歩いている。今はそんな姿も以前より自然だ。ウニ、不意に耳の下に違和感を覚えたのか、ずっと触っている。

　　　ジワン
　　　なんでずっと触ってるんだ？

　　　ウニ
　　　ここに何かある？

ジワン、ウニの耳の下を触ってみる。妙な表情でジワンを見ているウニ。

　　　ジワン
　　　普通そういうものじゃないか？
　　　よく分からない。

ウニがジワンをまじまじと見る。ジワンもウニを見る。ジワンはいつものいたず
らっぽい表情でウニの顔を撫でる。ウニは、今度は「やめて」と言わず、黙っ
て笑っている。ジワンをじっと見つめていたウニ、1人でクスッと笑う。

ウニ、いきなりジワンの手首をつかみ、どこかに向かう。

　　　ジワン
　　　何だ、どうしたんだ?

　　　ウニ
　　　いいから、ついて来て。

ジワンが好奇心に満ちた表情でウニについて行く。もちろん、彼はあることを感
知する。

S# 26.　室内。小さいビル — 昼

2人は古くて小さいビルに入ってきた。4階ほどの階段を黙って上がる2人。ウ
ニが先に上がり、ジワンが後について行く。2人は手を離さない。建物の屋上
に出ようとするが、鍵がかかっている。2人はそのまま屋上のドアの前の階段に
立つ。

　　　ウニ
　　　キスしよう。

ジワン、顔が明るくなる。屈託のない笑顔。

　　　ジワン
　　　1回もしたことないけど…。

ウニ

　　してみようよ。

ジワンが何か言いかけると、ウニがジワンにキスをする。ジワンもウニのキスに
応じる。2人は体を寄せ合い、唇を重ねる。ウニがジワンから少し体を離す。

　　ウニ

　　舌も入れてみよう。

ジワンは何やら満ち足りた表情で、もたもたしている。すると、ウニに近づく。2
人は舌を入れたまま、少し長くキスをする。2人の不器用な身振り。

キスが終わり、やや酔ったような表情のウニ。ジワンも顔がほんのり赤い。ウニ、
床に唾を吐く。ジワンも続いて吐く。

　　ウニ

　　ジワンはなんで吐いたの?

　　ジワン

　　ウニが先に吐いたじゃないか。

二人は顔を見合わせてクスッと笑う。ウニがクスクス笑いながら、唾の付いたジ
ワンの唇を拭いてやる。

S# 27.　室内。ウニの家、ウニの部屋 ― 昼

床に横になり、制服を着たままポケベルをチェックしているウニ。ウィーンという
振動と共に届くメッセージ。ポケベルの液晶に浮かんだ数字、"1004 486 486
486（天使、愛してる、愛してる、愛してる）"。ウニ、クスッと笑ってごろごろしていると、
部屋の外から、デフンが家に帰ってくる音が聞こえる。

デフン

(V.O) おい！

ウニ、兄の呼びかけを無視する。すると、もう一度、聞こえてくるデフンの声。

デフン

(V.O) おい！

ウニ、苛立った様子で起き上がる。

S# 28. 室内。ウニの家、兄の部屋 ― 昼

机に座り、参考書を見ている兄。机は本であふれ返り、水色のカーテンの掛かった部屋には高級ピアノと木製のベッドがある。ウニ、兄の部屋の前に立っている。

ウニ

何？

デフン

さっきのあの野郎、誰だ？

ウニ

何のこと？

デフン

全部見た。
父さんと母さんに恥をかかせるな。

ウニ、答えずに自分の部屋に行く。

デフン

(V.O) 待て。

ウニ、部屋のドアを閉め、返事をしない。

デフン

(V.O) おい !!!

ウニ、苛立ったように出ていく。もう一度、兄の部屋の前に立つウニ。

ウニ

何よ。

デフン

ドアを閉めろ。

ウニ、あきれて、にやりと笑う。

デフン

閉めろ。

ウニ、デフンを睨みつけ、ドアを閉めながら小声でつぶやく。

ウニ

バカ野郎…。

デフン、さっとウニに目を向ける。恐ろしい沈黙。

S# 29. 室内。ウニの家、ウニの部屋 ― しばらく後

ウニの部屋。開いたままのドアから、兄の殴打する音だけが聞こえてくる。

ウニはいっさい叫び声を出せず、兄に容赦なく殴られる。ググッ、兄の足がウニを踏みつける音。ウニの喘ぎ声。

> **ウニ**
> 息する時間をちょうだい…。

兄は数秒、暴力をやめる。

その奇妙な静寂。

やがて兄は再び殴り出す。全力を尽くして。

S# 30. 室内。ウニの家、リビング ― 夜

家族全員、テーブルを囲んで食事をしている。

> **父**
> あのアマときたら、粉唐辛子は不良品だの、
> 不純物がどっさり入ってるだの、まともなのを出せだのって。
> この前もエゴマ油になんだかんだと文句を言ってきたし…。
> 今度は金を払う時に投げつけやがった。クソアマが。
> だから俺は、たまりかねて言ってやったよ。

家族全員、父のその長い独白を聞かされている。

> **父**
> この粉唐辛子は韓国の最高級の粉唐辛子だ。
> 何も知らないくせにケチつけるのかってな。
> そんなにケチつけるなら、二度とうちの店に来るな。
> お前みたいなアマに買ってもらわなくてもいい。
> そう言ったら腰を抜かすほど驚いて、

おとなしく帰っていったよ。
あのアマ、何も言い返せなかった。
俺をナメやがって、とんだ礼儀知らずだ…。

父が興奮して話し続けると、母は黙って水を注ぎ、父の前にコップを置く。父は
その水をごくごく飲む。

　　父
　　父さんは美都商店街の歯医者なんか、羨ましくも何ともない。
　　汚い歯を見てどうする?
　　うまい餅を食う方がいい。そうじゃないか?
　　うちの店がどれだけいい米を厳選して作ってると思ってるんだ…。
　　唐辛子を挽く時も最高級、
　　最高級の唐辛子だけを使ってるから、
　　他の店とは比べものにならないってことだ。

長い沈黙が流れる。

父以外は一様に、ただ黙っておかずを食べている。父だけがまた続けざまにま
くし立てる。

　　父
　　お前たちはだな、
　　父さんがこんなに苦労してるのに、朝は遅く起きるし。
　　父さんはだな…、学校に通ってた頃は朝4時に起きて…。

　　母
　　この大豆もやし、おいしいわね……。

父が母を見て、シッと声を出す。母、父の顔色をうかがい、静かに大豆もやし
を食べる。

父
デフン、生徒会長選挙の日は決まったか?

デフン
はい。

父
それにしても、なんでそんなに遅いんだ?

デフン
今週、するそうです。

父
選挙をするまでは、友達に親切にしろよ。
必要ならハンバーガーをおごってやれ。父さんが金を出してやるから。

デフン
はい。

父
さあ、うちのデフンが
2年連続で生徒会長になれるかどうか、見届けよう。
みんなで祈れよ。

ウニ、ひどく怒った顔で沈黙を守っていたが口を開く。顔には若干、傷ができている。

ウニ
キム・デフンが私を殴りました。

父は疲れた顔で、またかという表情を浮かべる。そして不愉快そうな表情で食事を続ける。母も特に話したくなさそうな疲れた表情である。兄は、いい気味

だという表情で舌打ちをする。父はその舌打ちに、シッと声を出して注意するだけである。

スヒ、その状況に怒りがこみ上げ、ウニと目を合わせる。スヒが味方になってくれても依然、ウニは怒っている。怒りが収まらない。

S# 31.　室内。漢文塾の建物、階段 ― 昼

古い塾の建物。日差しが明るい午後、廊下の大きな窓にもたれ、外を眺めているウニの後ろ姿。風になびくウニの髪、横顔。

ウニ、塾の教室に入るために階段を上がる。
その時、誰かが窓の前に立つ。女性（20代）はショートヘアに、シャツを着ている。どことなく少年のような印象。女性、開いていた窓をさらに少し開けると、タバコを吸う。その姿をちらりと見るウニ。

S# 32.　室内。漢文塾、教室 ― 昼

ウニ、隅の席に座り、MICHIKO　LONDON のノートに絵を描いている。シャープペンでサッサッと木を描く。

開いているドアから誰かが入り、ウニの前に立つ。

ウニ、はっと驚いて見上げる。先ほど、階段でタバコを吸っていた女性だ。
女性、ウニの絵を興味深げに見る。

すると女性は黒板の前に行き、自分の名前を書く。キム・ヨンジ。

　　ヨンジ
　　今日から授業をすることになったキム・ヨンジです。

ヨンジ、黒板に今日の漢字を書き始める。その時、すっかり顔をしかめたジスクが塾の教室に入ってくる。口には白いマスクをつけている。その姿を怪訝そうに見るヨンジとウニ。ジスク、新しく来た先生であるヨンジを見て驚くが、すぐに目礼をしてウニの隣に座る。

ウニがノートに書く。ノートに刻まれていく2人の少女の会話。

　　　　"そのマスク、どうしたの？"
　　　　"後で話すよ"
　　　　"あの女の先生、タバコ吸ってる。さっき廊下で見た"

　　　　ジスク
　　　　コ大の男はどこ行ったの？

ジスクとウニ、クスクス笑う。

　　　　ヨンジ
　　　　コ大の男？

　　　　ウニ
　　　　あの高麗大学の男の先生です。

　　　　ヨンジ
　　　　クビになったと思いますよ。

ウニとジスク、クビになったという言葉に大笑いする。ヨンジはまたさり気なく漢字を書く。

　　　　ジスク
　　　　自己紹介はなさらないんですか？

ヨンジ、書いていた手を止め、2人の少女を見る。じっと。そして、じっくり何かを考えていたが、話し出す。

ヨンジ
順番にするのはどうですか?

ウニとジスクは、ヨンジの真摯で丁重な態度に、わざとおどけている。

ヨンジ
私から先にしますね。

ヨンジ、意向を尋ねるように少女たちを見つめる。ウニとジスク、許諾の意味で
こくりとうなずく。

ヨンジ
私はキム・ヨンジ。

ヨンジ、この些細な自己紹介にも、とても真剣に悩みながら、ひとこと、ひとこと、
言葉をつないでいく。

ヨンジ
ええと…、城南に住んでいて、大学は休学中。
休学はちょっと長いんです。だから、そこまで若くはありません。

ヨンジ、晴れやかな笑顔で2人の少女を見る。今度はあなたたちの番よ、とい
う表情。2人の少女は、先にしろと順番を譲り合い、ふざけている。すると、ジ
スクが言う。

ジスク
チョン・ジスク。真善女子中学の2年生です。

ヨンジ
終わり?

44

ジスク
もっと言わないとダメですか？

ヨンジ
ええと…、好きなものは何ですか？

ジスク、ヨンジの穏やかな態度に、ひとこと付け加える。

ジスク
カルバン・クライン？

ジスクは自分で答えておきながら、クスクス笑う。ウニもつられて笑う。

ヨンジ
ああ、ブランド…。どうしてカルバン・クラインが好きなんですか？

ジスク
なんとなく、服がかわいいから。
試験の成績がいいと、お母さんがいつも買ってくれます。

ヨンジ、うなずきながら聞いている。次はウニの番だ。

ウニ
私はキム・ウニ。
大青中学に通ってます。

ウニ、とても気まずいのか、顔が歪んで赤くなり、若干震える声で答える。しかし、
平気なふりをする。

ヨンジ
ウニもカルバン・クラインが好きですか？

ウニ
いいえ…、私は…。

ジスク
キム・ジワンが好きです。

ウニ
ちょっと、黙ってて！

ジスク、ケラケラ笑う。ヨンジ、にぎやかな2人の少女の前でも静かにウニの答えを待っている。

ウニ
私は、好きなものは…。
ああ、チョン・ジスク。余計なこと言うから…。恥ずかしい…。

ウニ、恥ずかしがっていたが、気を取り直して話を続ける。

ウニ
私は…、ええと…、漫画を描くのが好きです。

ためらいの末のウニの告白。

ジスク
(ケラケラ笑いながら) いやらしい漫画…。

ウニがジスクを横目で睨む。

ヨンジ
私も漫画、好きです。

ウニ、その言葉に驚き、うっすらと笑う。

S# 33.　室内。漢文塾、教室 — 時間経過

授業が終わり、ウニとジスクが立ち上がる。急いで出ていこうとするジスクの後ろで、もじもじしているウニ。ヨンジは本を片づけている。ウニ、ヨンジが自分を見てくれるのを待っている。ヨンジと目が合うと、ウニ、こくりとうなずき、挨拶をする。

　　　ウニ
　　　さようなら。

　　　ヨンジ
　　　名前はウニだったわね？　気をつけて帰ってね。

ウニ、恥ずかしく、ぎこちないまなざしで目礼して出ていく。

S# 34.　室外。塾の建物、屋上 — 昼

ウニとジスク、屋上に立っている。ウニ、深刻な顔で何も言わずにジスクの顔を見る。ジスクの口元には真っ青なあざができている。ウニは黙ってジスクの顔を見回している。

　　　ウニ
　　　ジスクの誕生日なのに殴ったの？

ジスク、味方になってくれるウニに向かって、笑いながらうなずく。

　　　ジスク
　　　（つとめて笑い）ウニの兄さんはいつもどうやって殴るの？

　　　ウニ
　　　…ホント、いろいろ。最近は竹刀。

あの野郎、海東剣道【韓国発祥の現代創作武術】をやってるんだ。

　ジスク
　そっちの方がマシだよ。ゴルフクラブはメチャクチャ痛い。

　ウニ
　今日はゴルフクラブで叩いたの?

　ジスク
　腕立て伏せの姿勢で殴られたんだけど、
　抵抗したら、ほっぺたをぶん殴られた。

ぐったりうなだれるジスク。ウニ、どんな言葉をかけたらいいか、分からない。

　ウニ
　たまにこんなことを考える。
　私が自殺するんだ。
　兄さんの野郎にいじめられて苦しいって遺書を残して…。
　でも、そしたらキム・デフンの野郎が罪悪感を感じてるのを見られないでしょ。
　だから死んだ後、一日だけ幽霊になるんだよ。
　あの野郎は大泣きして、お父さんに怒られる。
　私はそれを天井から見下ろす。そんな想像をするんだ。
　お母さんもお父さんもみんな泣いて…。そんな想像しただけでも、すっきりする。

しばしの沈黙。

　ジスク
　みんな、悪かったって思うかな?

ウニ、ジスクを横目でちらりと見る。2人の少女は、そうではないかもしれないと思い、複雑な表情で目の前に広がる風景を眺める。

S# 35. 室内。AVEC カラオケ — 昼

粗悪な照明の古いカラオケのカウンター。店長が「AVEC（アベック）カラオケ」
と書かれた室内用の大きな立て看板の手入れをしている。

　　ジスク
　　1時間、お願いします。

店長、変わり者のような印象の40代。ジスクとウニを親しげに迎える。ジスク
が支払いをしようとした途端、ウニが財布を取り出す。店長はジスクのマスクを
見て、妙に思うが気づかないふりをする。店長、サービスで水を差し出す。

　　カラオケの店長
　　うちの「AVEC カラオケ」がどんな意味か、知ってるか？

　　ジスク
　　知りませんけど。

　　カラオケの店長
　　フランス語で「一緒に」だ。一緒に何かをすると言う時の「一緒に」…。
　　おじさんは大学生の頃、フランス語を専攻してたんだ。
　　「アベック」と「ボンジュール」の2つから選んだ。
　　名前は何だい？

　　ジスク
　　私ですか？　チョン・ジスクです。

　　カラオケの店長
　　「アベック、ジスク」と言ったら、「ジスクと一緒に」っていう意味に
　　なるわけだ。

ジスク
(大げさに) ああ…！

カラオケの店長
1番部屋を使えよ。今日はサービスはないぞ。

ウニ
今日はジスクの誕生日なんですけど。

カラオケの店長
そうか？　うん…、じゃあ、一番大きい部屋を使っていい。

ジスクとウニ、残念そうな表情を見せる。

カラオケの店長
ええい、よし。30分、追加！

ジスク、ウニ
ありがとうございます！

S# 36.　室内。AVEC カラオケ、1番部屋 ― 昼

とてつもなく大きい部屋。

ジスクとウニは入るなり、その大きさに驚く。ミラーボールはすでに回っている。
2人はしばらく部屋を見回し、もじもじしている。すると、ウニとジスクの目が合う。
短いが、長く合わせた目。

向かい側の部屋から、にぎやかな歌声が聞こえる。大きな部屋の隅に立っている
2人の少女。ジスクの顔にミラーボールの光が反射して降り注ぐ。白いマスク。

S# 37.　室内。ウニの家、ウニの部屋 ― 夜

ぐっすり眠っているウニの顔。部屋のドアが静かに開き、スヒが入ってくる。ぼさぼさの髪のスヒは、入ってくるとすぐに服を脱ぎ、横になる。目が覚めたウニ、スヒを見る。

　　　ウニ
　　　お酒、飲んだ？

　　　スヒ
　　　（にこりと笑い）え…、臭う？　…噂になるかもしれない…。

スヒはうんうん呻き声を上げて寝入る。

　　　スヒ
　　　（寝言）ウニ、姉さんは得意なものがひとつもない。
　　　何ひとつ、ちゃんとできたものがない。

ウニ、隣でスヒの腕を見る。スヒの七分袖のパジャマの下からのぞく、か細い腕。その腕の全体を覆っている火傷の痕。幾重にもしわができ、くぼんだ皮膚。薄桃色に歪んだその痕。

S# 38.　室外。開浦団地の一本道 ― 翌日、昼

ウニとジワン、マンションの裏道に座っている。ジワンはウニに小さなノートを差し出す。

　　　ジワン
　　　表紙の文がよくて買ったんだ。

ウニは好奇心に満ちた目でノートを見る。かわいい熊が踊っている絵があり、

熊から突き出た吹き出しの中に、こう書かれている。**I believe you.**

　　ウニ
　　これはどんな意味?

ジワンはやや戸惑った表情を浮かべ、笑う。

　　ジワン
　　え?　ウソだろ。

ウニ、ぼんやりした表情である。

　　ジワン
　　本当に知らない?

ウニ、きまりが悪く、もじもじしている。

　　ジワン
　　「信じる」じゃないか。

ジワンが愛おしそうにウニの頬をつねるが、ウニのまなざしは少し揺れている。
恥ずかしくて、ばつが悪い。

　　ジワン
　　100日記念には他のをあげるよ。楽しみにしてて。

ウニ、かすかに笑う。

　　ジワン
　　うれしくない?

ウニ、表情をさっと変え、うれしいふりをする。

ウニ
うれしい。

その時、ジワンのポケベルがけたたましく振動する。ジワン、やや慌ててポケベ
ルを確かめる。ウニが気になってのぞこうとすると、角度を変えてポケベルを確
かめるジワン。ポケットにポケベルをしまい、ウニを見る。

ウニ
キム・ジワン。

ジワン
うん?

ウニ
なんで私のこと、好きなの?

ジワンは少しのためらいもなく答える。

ジワン
ウニは大青中で一番かわいいじゃないか。

その時、ウニの顔をよぎる侘しさ。すると、晴々しく笑う。カメラは少し長く、ウ
ニのその微細な表情の変化を見つめる。

S# 39.　室内。ウニの家、ベランダ ― 昼

プライム英語辞典を開くウニの手。b のセクションを引く。b…、b…、b…。
believe。

believe
1.　信じる。(誰かの話が真実であることを)

2. 〜存在、価値を信じる。〜をいいと思う。

ウニ、ベランダに体を縮めて座り、しばらく辞書をのぞきこんでいる。すると、耳の下を触り、違和感を覚える。

ラジオ
はい、次にお届けする曲は故チャン・ドクさんの
「予定された時間のために」です。

ウニ、あっと驚き、素早くラジオの録音ボタンを押す。録音ボタンが押されると、すぐに音楽が流れる。ウニ、うれしくてしかたがない。

ラジオ
忘れないでください　私たちの愛を忘れないでください　私たちの記憶を
もう時間になりました…

ベランダの日差しと共に響き渡る音楽。ウニ、しゃがんだまま遠くを眺め、静かに音楽を聞いている。

S# 40. 室内。ウニの家、リビング ― 夜

母がリビングで1人、テレビを見ている。ウニが母の前に来て座る。ウニ、母が自分を見てくれるのを待っているが、母はウニに目をくれず、テレビばかり見ている。

ウニ
お母さん、私、耳の下に何かできてる。

ウニをちらりと見ると、ウニの耳の下を触る母。急に深刻な表情を浮かべる。

母
しこりね？　なんで今まで黙ってたの？

ウニ
この前、気がついた…。

母
お母さんの知ってる病院に行きなさい。杏堂洞にある。
^{ヘンダンドン}

ウニ
なんでそこまで行かないといけないの？

母
伯父さんのかかりつけよ。

母はもう一度、ウニの耳の下のしこりを触ってみる。

母
そこはいい病院なの…。明日、すぐ行って。
スヒの学校の近くだから、スヒと一緒に帰ってくればいいわ。

ウニ、母が心配してくれることがうれしい。すると、何かを思い出したのか、テレビを消す母。

母
ウニ、お母さんに湿布を貼ってちょうだい。

ソファーの横に置かれた湿布をウニに渡す母。ウニ、慣れた様子で母の上着をまくる。母、背中に手を伸ばし、湿布を貼る位置を教える。

母
そこと、ここ。

湿布を丁寧に貼るウニ。そして、剥がれないように、その上から湿布固定用の
シートも貼る。母の背中に貼られる白い湿布。1枚、2枚。

> 母
> ウニの担任の先生が今日、店にいらっしゃった。

ウニはまるで驚いた表情である。

> 母
> 学期の初めに不良に選別されたそうね…。
> 制服のスカートが短いっていう話をして、
> しばらく店に居座って帰ったわ。
> お母さんは気になって、仕事も手につかなかった…。

> ウニ
> あの野郎、お金をせびりに来たんだよ。
> 完全にイカれた奴なんだから…。

> 母
> 先生になんて言い方するのよ。
> 素直に「すみませんでした」って謝って、真面目に学校に通いなさい。

> ウニ
> 悪いことしてないもん！

> 母
> 何も悪いことしてなかったら、
> 不良に選ばれるわけないでしょ。

母は深いため息をつく。

　　　　母

ウニ、不良になったらダメよ。

勉強を頑張って、女子大生にならなきゃ。

そうすればバカにされないし、英語の看板もちゃんと読めるし、

こうして胸に本を抱えてキャンパスを歩き回れるわ。うん？

苛立った顔で母の話を聞いているウニ。そうしながら、2枚目の湿布も最後まで
しっかり貼り終える。

S# 41．室外。セソウル医院に行く道 ― 昼

バスに座っているウニ。

歩道橋や市場を通り過ぎ、迷いながら病院を探す。

S# 42．室内。セソウル医院、ロビー ― 昼

病院に入っていくウニ。古いインテリア。名前も知らない数々の資格証が壁に掛
かっている。1人で診察に来ている子どもはウニだけだ。病弱そうな老人の患
者。かび臭い病院。案内デスクから、1人しかいない年配の女性看護師がウニ
を呼ぶ。

　　　　看護師

キム・ウニ！

S# 43．室内。セソウル医院、診察室 ― 昼

温厚な印象の男性医師（50代後半）がウニを診察している。医師はウニの耳
の下を念入りに触ってみる。

医師
はっきり分からないな。
これが何なのかを調べるには切ってみないと。
ひとまず薬を出すから来週、おいで。　お母さんと一緒に。

ウニ
切るんですか?

医師
組織検査をしないとな。傷痕はほとんど残らない。

ウニ
お母さんは来られないと思いますけど…。

S# 44.　室外。舞鶴女子高校の前 ― 昼

ウニ、正門の前でスヒを待っている。

大声で騒ぎながら通り過ぎる女子高生の一群。しばらくの間、一群が通り過ぎ、
スヒが遠くから友達と歩いてくる。

　　ウニ
　　姉さん !!!

驚いて手を振るスヒ、友達（18歳、女）にウニを紹介し、2人は目礼を交わす。

S# 45.　室内。バスの中、聖水大橋の上 ― 昼

後方の席に座っている姉妹。2人とも黙って窓の外の漢江を眺めている。かなり
長い間。

スヒ

心配いらないよ。きっと大したことない。

ウニ、うなずく。

スヒ

ウンマ・トッポッキに食べに行こうか？

ウニとスヒは目で合意し、浮き浮きする。

ウニ

天ぷらとスンデ【腸詰め】も食べよう。

スヒ

もちろんだよ！

ウニ

ゆで卵も食べようか？

スヒ

行ってから決めよう！

スヒ、妹を愛おしむように笑う。ウニ、カバンから手鏡を取り出し、髪を整える。

S# 46.　室外。商店街の前の小さな道路 ― 夕方

ウニとスヒ、おしゃべりしながら歩いている。

信号の前まで来た2人。青信号が点滅している。スヒは渡る気がない。ところが、ウニが浮かれて素早く走り出す。

ウニ
渡ろう!!!

その瞬間、パーンという長いクラクションが聞こえる。ウニ、振り向いてスヒを
見る。スヒが道路の真ん中で呆然と立ち尽くしている。今にも泣きそうな表情だ。
車からドライバーが出てきて、スヒに大声でわめき散らす。

スヒの顔が蒼白になる。その顔によぎる恐怖。止まった時間。ウニ、ひどく驚き、
どうすることもできずにいる。

呆然と立ち尽くしていたスヒ、数秒後に渡り始める。スヒは息を弾ませて近づく
と、ウニの頭を勢いよく張り飛ばす。

スヒ
誰がそんなに早く行けって言った？　え？
あんたはいつも自分勝手なんだよ。

大声で怒鳴り散らすスヒ。通りすがりの人たちがちらちら見ている。

ウニ
お店が閉まっちゃうかもしれないから、早く行こうと思ったんだ…。

スヒはさらに怒って大声を張り上げる。

スヒ
悪いことした？　しなかった？

ウニ
…。

スヒ
悪いことしたかって聞いてるんだ。しなかったって？

ウニ

ごめん…。

後からついて来ると思った。

スヒ

言いなさいよ。悪いことした？　しなかった？

ウニ

怒鳴らないで…。みんなが見てる…。

スヒ

どっちなんだよ。このクソアマ!!!

ウニ

悪かった。

スヒは怒りが収まらず、息を切らしている。

スヒ

トッポッキはあんた1人で食べな。

スヒは少し先を歩いていたが、家の方に向かう。トッポッキはもう諦めるしかない。

S# 47.　室内。ウニの家、ウニの部屋 ― 夜

背を向けて寝ているスヒ。そんなスヒをじっと見ているウニ。

天井で夜光ステッカーの星がきらめく。流れる静寂。天井の夜光ステッカーの星と外を通り過ぎる車の音が聞こえるだけである。

S# 48.　室外。学校前の石垣の道 ― 朝

ウニ、登校中である。道谷洞^{トゲクトン}のビニールハウス村を通り過ぎ、学校の塀に近づいた時、はっと驚き、何かを眺めるウニ。

"キム・ウニ　愛してる"という文字が、塀に紫色のスプレーで書かれている。

驚いたウニは立ち止まりもせずに、足早にその塀を通り過ぎる。
しかし、誰の仕業であるかを察し、にこりと笑う。ウニの後ろで生徒たちがひそひそ話をしている。

カメラは、ウニが去った後も長い間、塀を映している。

　　"キム・ウニ　愛してる"

S# 49.　室内。中学校、教室 ― 昼

授業の真っ最中である。ウニは授業に集中できないまま、ずっとポケットの中のポケベルを確認している。

ポケベルの液晶画面に浮かぶメッセージ。

　　"486486486…"

ウニ、メッセージを見て喜ぶが、そんな素振りは見せられず、ひたすら授業を聞くふりをしている。その時、授業が終わり、休み時間になる。前方の開いているドアからベートーベンが傲慢な態度で入ってくる。

　　ベートーベン
　　キム・ウニ。前に出ろ。

クラスの生徒たちの視線がウニに集まる。ウニはきょとんとしてベートーベンを見
ている。

S# 50.　室内。中学校、廊下 — 昼

長い廊下の突き当たりにベートーベンが立っている。ウニは隣ですっかりうなだ
れている。ベートーベンがウニをじっと見つめ、不気味な笑みを浮かべる。そし
て恐ろしい形相でウニの頭を出席簿で叩きつける。

　　　ベートーベン
　　　全部消せ！

S# 51.　室外。学校前の石垣の道 — 昼

運動場では生徒たちがドッジボールをしている。

ウニ、"キム・ウニ　愛してる"と書かれた塀の前に1人で立っている。しばらく
ためらっていたが、黒いペンキで文字を消すウニ。ペンキの刷毛もなく、50セ
ンチの大きい物差しでごしごし擦りつけながら、文字に黒いペンキを塗り重ね
る。"キム・ウニ　愛してる"が徐々に消されていく。

S# 52.　室外。開浦団地の一本道 — 放課後

怒っているジワン、息づかいが荒い。顔いっぱいの怒り。ウニは地面をじっと見
ている。

　　　ジワン
　　　チクショウ…。ウニの担任の野郎、俺がぶっ殺してやる。
　　　何様のつもりだ。キム・ウニとは比べものにならないくらいのクズのくせに…。

怒りを堪えきれず、悪態をつくジワン。

　　　ジワン
　　　…ウニをいじめる奴らは皆殺しにしたい。
　　　ウニの兄さんと担任のクソ野郎。

　　　ウニ
　　　そしたら刑務所行きだよ。

ウニ、沈んでいた気持ちが少し晴れたのか、笑顔になる。

　　　ジワン
　　　なんで笑うんだ。バカ。

　　　ウニ
　　　筋肉！

ジワンが筋肉にぐっと力を込め、自分の腕をウニに差し出して見せる。その腕を
触り、はしゃぐウニ。ジワン、そんなウニの顔を手で撫でおろす。ウニ、その手
を避けながら、クスクス笑い、ジワンの顔を撫でおろす。

ジワン、茶目っ気をのぞかせ、ウニの頭を優しく撫でる。ウニ、その手のぬくもり
を感じる。

S# 53.　室内。ウニの家、ウニの部屋 ― 夜

MICHIKO LONDON のノートに木の絵を描いているウニ。次に木の両側に女
の子と男の子を描く。

女の子の横に矢印をつけ、"ウニ"と書く。そして男の子の横には"ジワン"と
書く。満足げに笑ってみせる。何かを書くために色鉛筆を選ぶ。一度緑色を選

んだが、ピンク色に替える。すぐに木の絵に書こうとするが、ノートの別のページに練習がてら、"100日 おめでとう おめでとう"と、色鉛筆をぐっと押し当てて書く。浮き浮きしているウニの顔。

その時、ウニの部屋のドアが開く。母である。魂が抜けた顔でウニを見る母。ウニ、母のそんな姿に異変を感じる。

　　　母
　　　引き出しにある黒い服を早く着て。
　　　スヒはいつの間に出かけたの？　ポケベルを鳴らして。

S# 54. 室内。車の中 — 夜

車の後部座席にウニ、兄、姉が並んで座っている。3人とも黒い服を着ている。母の後ろ姿。窓の外ばかり見ている母。黙って運転している父。姉と兄はずっと窓の外を見ている。ウニはこっそりポケットのポケベルを確かめる。車内に色濃く漂う沈黙。

S# 55. 室外。葬儀場の廊下 — 夜

廊下の椅子に母がぐったりうなだれて座っている。喪服を着た中年女性が数人、低い声で母を慰めている。その様子を遠巻きに見守っているウニ。

S# 56. 室内。葬儀場の前の野外、公衆電話 — しばらく後

建物の入り口の前。黒い喪服姿で泣いている人たちもいれば、話をしている一群もいる。公衆電話ボックスの中で音声メッセージを残すウニ。

ウニ

キム・ジワン…。なんで今日、連絡がつかないの？

私ね、私、葬儀場に来たんだ。

伯父さんが亡くなって…。

何日か前にうちに来たんだけど今日、亡くなったの…。

夜の公衆電話ボックスの中で話し続けているウニの姿。

S# 57.　室外。中学校、教室 — 昼

放課後。教室の窓にもたれて外を眺めているウニ。

ウニの視点で見た窓の外の風景。水飲み場の前に立ち、ヘジとじゃれ合っているジワン。カーテンの後ろに隠れて2人を見ているウニ。ジワンとヘジ、校門の方に一緒に歩いていく。

そんな2人の姿を微動だにせず見ているウニの後ろ姿。

S# 58.　室外。学校の前の石垣の道 — 時間経過

"キム・ウニ　愛してる"の文字が消され、痕跡だけが残っている石垣の道。怒ったように急ぎ足で歩いていくウニ。道には誰もいない。ランチバッグのカタカタ鳴る音。

S# 59.　室内。ウニの家、夫婦部屋 — 昼

家に帰ってきたウニ、夫婦部屋のドアの脇にもたれて母を見ている。

母、死んだように眠っている。床に散らかっている母の紫色のジャンパー。

伝線したコーヒー色のストッキングを履いている母の足。

母のそばに行き、ちょこんと座るウニ。

S# 60. 室内。ロックカフェの中 — 昼

厚化粧をして踊っているウニとジスクの顔。90年代のポップス「NO LIMIT」に合わせ、激しく体を揺り動かす2人の少女。ダンスというよりは、何かに取り憑かれたような身振りに近い。

そうして踊っている2人をじっと見ている2人の少女。1人は体格が大きくて太っており、もう1人は髪が短く、まるで少年のような女の子である。

体格の大きいコ・ミンジ (13歳) とボーイッシュなぺ・ユリ (13歳) がウニとジスクのもとに来る。ジスクとウニ、2人の女の子が近づいてきたのを面白がっている。ジスクがまた踊り出す。ウニも続いて踊る。ユリとミンジも少し気まずそうにしていたが、すぐに打ち解けて踊る。4人は輪になって踊る。

音楽がさらに盛り上がる。他の人たちもピョンピョン飛び跳ね、ロックカフェの中の雰囲気が一層熱くなる。

4人の少女は上気した顔で一緒に踊っている。少女たちの赤く火照った頬。そのエネルギー。

S# 61. 室外。ロックカフェの前 — 昼

ロックカフェの正門の前に4人の少女がぎこちなく立っている。道路の騒音。クラクション。ジスクはマールボロ・レッドの箱を片手にタバコを吸っている。

コ・ミンジ
学校でお姉さんをたまに見てました。
ベネトンの黄色いカバン。

ウニ
ああ、そうだよ。

コ・ミンジ
この子がお姉さんと仲よくなりたがってました。

コ・ミンジがその子、ユリの腕をツンツン突いて促す。ウニ、この状況が面白い。
すっかり大人気取りで聞く。

ウニ
名前は何ていうの？

ユリ
ペ・ユリです。

小さな声で答えるユリ。

ウニ
かわいい名前だね…。

ユリの顔が赤くなる。コ・ミンジは隣で面白そうにクスクス笑う。ユリは顔を上げ
られず、地面ばかり見ている。

ジスク
あんたたち、つき合ってんのかよ。クソ。

コ・ミンジがユリと目を合わせる。ユリが少しはにかむと、コ・ミンジが代わり
に言う。

コ・ミンジ
お姉さんたち、姐御になってくれませんか?

ジスクとウニが顔を見合わせ、目で合図を送る。ジスクが豪快に笑う。

ジスク
ポケベルの番号を教えて。

ジスクが自分のポケベルの番号を書いてコ・ミンジに渡す。ユリもウニが書いて
くれるのを待っている。ウニ、それを察して書こうとする。ユリ、メモ用紙がなく、
自分の手のひらをペンと一緒に差し出す。

ユリ
あ、じゃなくて。

今度は手のひらではなく、手首を差し出すユリ。ウニが手首に番号を書いてい
る間、ユリはウニの目をじっと見つめる。ウニ、書きながらユリの視線に気づき、
顔を上げる。ユリ、目をそらす。ウニ、顔を若干赤らめる。ユリの白い手首に黒
いボールペンで書かれたウニのポケベル番号。ユリ、うれしくて笑う。ウニ、そ
の視線を負担に思うが、嫌ではない。

S# 62.　室内。セソウル医院、診察室 ― 昼

診察室にぽつんと座っているウニ。

医師
ずいぶん遅かったじゃないか。
ああ、これを切るには
保護者の同意が必要なんだが…。

ウニ
お母さんが許してくれました。

医師
それでも同意書がないといけない。

ウニ
同意書ですか？

医師
お母さんが、これを切るのに同意するっていう、
同意書を渡すから、
次の診察までにハンコをもらっておいて。うん？

医師、カルテに何かを書く。ウニ、心配そうな表情で座っている。

医師
どうした…？

ウニ
切るのは…、すごく深刻なんですか？

医師
いいや。簡単なものだが、
同意はないといけないから…。
心配いらないよ。

ウニ
…じゃあ、お母さんに
今、電話したらダメですか？

医師、困り果てた表情を浮かべる。

S# 63.　室内。セソウル医院、診察室 ― 昼

簡易ベッドに座っているウニ。怖いのか、固まっている。冷ややかな表情で手術道具を用意する看護師。

　　医師
　　さあ、少しチクッとするよ。驚かないで…。

ウニ、恐怖に満ちた表情。何度も体をぎくりとさせる。

　　医師
　　おっと、動かないで…、動いたら、もっと痛いよ。

ステンレスバットに注がれる消毒薬。赤い血の付いたガーゼ。鋭利なメス。この全ての冷たい音とウニの表情。

S# 64.　室内。ウニの家、ウニの部屋 ― 夜

寝ているウニ。外廊下の窓から誰かがトントンと叩く。しばしの静寂。もう一度、トントンと叩く音。目を開けるウニ。がばっと起きて窓を開けると、スヒがいる。

　　スヒ
　　水を流して。2回、流して。

S# 65.　室内。ウニの家、トイレ ― 夜

ウニは無表情な顔で便器の水を2回、流し、洗面台の蛇口もひねって、水をジ

ャージャー出しておく。トイレのドアを開け、玄関の様子をうかがうウニ。水の流れる音がしている間、スヒが男と部屋にこっそり入っていく。

ウニ、トイレのドアの前に立ち、注意深く見張りをする。水道の蛇口からジャージャー流れる水の音。

S# 66. 室内。ウニの家、ウニの部屋 ― 夜

スヒがウニの隣に布団を敷いている。スヒの机の椅子に座っているボーイフレンドのチョ・ジュンテ（18歳）。軽薄そうな顔をしている。

    ジュンテ
    元気だった？

ウニ、気まずそうに目礼をする。

布団を敷き終えたスヒ、ボーイフレンドとひそひそ話をしている。ウニは、スヒがつけた机のスタンドの明かりがまぶしい。

    ウニ
    ちょっとスタンドを消してくれない？

スヒが、ウニの耳の下の小さな絆創膏に気づく。

    スヒ
    耳の下、どうしたの？

    ウニ
    姉さん、私、眠い…。

スタンドの明かりがプツンと切れる。静寂。暗闇に一緒にいる3人。

ウニは2人に背を向けて横になっているが、終始、気になる。

間欠的に聞こえてくるスヒとボーイフレンドの囁き声。もぞもぞする音。

S# 67.　室内。漢文塾、教室 ― 昼

ジスクとウニ、2人ともぐったりして机に伏せている。

すると、ヨンジが入ってくる。

ヨンジはカバンを置いた後、お香を焚く。教室に広がっていくお香の煙。ジスク
とウニは、ヨンジの行動を興味深く眺めている。

ヨンジ、黒板に行き、その日の漢文を書き出していく。ジスクは、あの先生、気
に入らないとでも言うように首を横に振る。

交友篇：相識満天下、知心能幾人。

黒板に漢文を書き終えたヨンジが少女たちの方に向き直る。

　　ヨンジ
　　これを読んでみましょうか。

少女たち、たどたどしく読み始めるが、よく分からない。

　　ジスク
　　交友篇…。

　　ウニ
　　（笑いながら）それは章の名前だよ！

ジスクとウニがクスクス笑う。

　　ヨンジ
　　(真剣に) はい、その通り、交友篇。
　　今日、覚えるのは交友篇です。
　　" 交友 " って何でしょうか?

ジスク、ヨンジが真剣に自分の答えを受け止めてくれるのが気恥ずかしい。

　　ジスク
　　友達関係…。

　　ヨンジ
　　はい、そうです。
　　じゃあ、本文を見てみましょうか。ウニ?

　　ウニ
　　" 相… "、何とか…、" 天下…、知心… "、何とか、" 人 " です。

　　ヨンジ
　　はい。じゃあ、その " 何とか " がどういう字か、
　　まず説明しますね。

ウニは、自分の言った言葉を同じように言ってくれたことが、なぜかうれしくて笑う。

　　ヨンジ
　　ウニが読めたこの字は、" 互い " を意味する " 相 "。よく読めました。

ウニ、照れくさくて、かすかに笑う。

　　ヨンジ
　　その次は " 知識 " の " 識 "、" 満ちる " の " 満 "、

この " 能 " の字は、" 可能だ " という時の " 能 " です。
次は " 幾 "。つまり、全体を音読みすると、
相識満天下、知心能幾人。どんな意味でしょうか。

ウニとジスク、首をかしげるだけである。

ヨンジ
ウニは知り合いが何人いますか?

ウニ、突然の質問に驚き、まごついている。

ウニ
はい?　あ…、知り合いですか?

ヨンジ
はい。顔を知ってる人のことです。

ウニ
あ、…だいたい50人?

ジスク
バカ、50人より多いって。
小学校6年、中学校1年だけでも
400人くらいにはなるよ。

ウニ
あ…、じゃあ、400人くらい?

ヨンジ
では、心が分かる人はどれくらい、いるでしょうか?

ウニ

はい？

ヨンジ、黒板に意味を書く。手書きの文字が実にきれいで簡潔である。

黒板に文章が完成する。

顔を知っている人は天下に満ちあふれているが、
心を知っている人は何人いるだろうか。

ヨンジ

相識満天下、知心能幾人。
皆さんが知っている人の中で、
本心まで知っている人は何人いるでしょうか？

ウニはその質問に、きょとんとした目でヨンジを見つめる。

S# 68．室外。現代商店街の庭園 ― 夕暮れ時

ウニの前にコ・ミンジとペ・ユリが立っている。コ・ミンジはにやにや笑っており、
ユリは背後に何かを隠し持っている。

コ・ミンジ

早く渡して。

コ・ミンジの言葉にペ・ユリはもじもじしながら、背中に隠していたバラを1本、
渡す。ウニは意外な贈り物に驚く。

ユリ

お姉さんのことを思い出して買いました。

コ・ミンジは頑張れと言うように、ユリの肩をぽんと叩いて去っていく。

ユリ
あ、…帰るの?

ユリは残念そうな表情を浮かべるが、いざとなると、コ・ミンジを引き止めはしない。そしてウニとユリの2人だけが残った。2人は気まずそうに立っている。

ユリ
…私のメッセージを聞きましたか?

ウニ
え?

ユリ
返事がなかったから…、会いに来ました。

ウニ
(しばらくためらっていたが) お父さんとお母さんが待ってるから、帰らないと…。

ユリ
あ、じゃあ私、帰りますね…。

ユリはとても慌てて、ひどく大げさに急いで帰ろうとする。ウニがユリの襟を掴む。ウニのその手に、ユリがまた驚く。

ウニ
ねえ、今週、会おうか?

ユリは喜びを隠せない。

S# 69.　室内。ウニのマンション、エレベーター ― しばらく後

ウィーンと、音を立てて上がっていくエレベーター。バラを見ているウニの横顔。
引き続き、上がっていくエレベーター。

S# 70.　室内。ウニの家、リビング ― 夜

玄関を開けると、リビングでひと騒動、起きている。母に大声を張り上げる父。
口にするのもはばかられる、ありとあらゆる俗語を浴びせ、罵倒している。リビ
ングに正座したまま泣いているスヒ。デフンは部屋のドアの脇に立っている。

　　父
　　お前の教育が間違ってるから、このザマなんじゃないか。
　　スヒのアマは、なんでいつも遊び歩いてるんだ…。
　　お前が子どもたちを気にかけもしないから…。

　　母
　　そんなこと、言えた義理？
　　子どもたちの前だから、知らないふりしてあげてるけど…。

鈍い音が聞こえ、母は怒鳴り続けている。そうしているうちに、手の届く所にある
電気スタンドのガラスの笠を父に向かって投げる。電気スタンドの笠は正確に
父の腕に当たる。父の腕が青白くなり、赤い血がどくどくあふれ出す。ぼんやり
立っている父。母は救急薬を探す。粉々に割れたガラスが床に散らばっている。

　　母
　　あんたたち、足、気をつけて！　部屋に入りなさい!!

父は急に体の動きを止める。血がだらだら流れている。

母
早く病院の救急室に行かなきゃ…。

母はとりあえず、リビングの引き出しにある救急箱を引っかき回す。父は腕から
出ている血を呆然と見ている。兄妹は部屋に入ることも、立ったままでいること
もできない、どっちつかずな状態である。スヒの泣き声は、やがてキーッキーッ
という金切り声に変わる。

玄関のドアを閉め、外廊下に出ていってしまうウニ。閉まったドアの前に、うつ
ろな目で立っている。

S# 71. 室内。ウニの家、ウニの部屋 ― 夜

ウニとスヒ、布団の中に並んで横になっている。

ウニ
うちはなんでこんなに仲が悪いのかな。

スヒ
うちの家族は別々に住んだ方がいい。

ウニ
私とも別々に暮らしたい?

スヒ、ウニがかわいいのか、にこっと笑う。

S# 72. 室内。ウニの家、リビング ― 朝

ベランダの窓から穏やかな日差しが降り注ぐ。にぎやかな日曜日、「家族娯楽
館」のようなテレビ番組の音が聞こえる。ウニが眠そうな目で部屋から出てくる。

リビングでは父と母が並んで座り、テレビを見ている。母と父はウニと目を合わせない。父の腕の包帯。ベランダを通して差し込む日差し。奇妙な静けさ。

やや驚いたように、ぎくりとするウニ、もう一度、台所に急いで歩いていく。ウニの後ろ姿に向かって母が言う。

母
ご飯、食べて。

台所で朝ご飯を食べているウニ。ウニはご飯をしっかり噛んで食べている。騒々しいテレビの音。

S# 73. 室外。トランポリン場 ― 昼

ウニが跳び上がる。次にジスクが跳び上がる。空に向かって交互に跳び上がる少女たち。

ジスク
結婚したら、夫婦はお互い、
クローゼットだって。

ウニ
それって、どういう意味?

ジスク
夫婦はお互い、人じゃなくなるってこと。
だから浮気するんだってさ。うちのお母さんが言ってた。

ウニ、にっこり笑う。

ジスク
私のお母さんとお父さんの特徴は何か、知ってる？

ウニ
何なの？

ジスク
絶対に目を合わせない。

ウニの表情は複雑だ。

ジスク
それよりウニ、キム・ジワンから連絡、来る？

ウニ
ううん…。
ねえ、万引きしよう！

S# 74.　室内。文具店 ― 昼

ウニ、とても大胆にペンを盗み、服の中に入れる。ジスクとウニ、文具店の品
物をひとつ、ふたつ、次々に服に押し入れる。ウニ、最後に修正ペンも盗んで
服に入れようとした瞬間、文具店の店主がウニのすぐ隣に立っている。

文具店の店主
出しなさい。

ウニ、文具店の店主をさっと見て、つとめて平静を装う。

ウニ
はい？　何を？

文具店の店主
　　服にある物を出すんだ。全部、見てた。

文具店の店主がウニの上着を触ろうとする。

　　ウニ
　　何すんだよ、変態野郎 !!!!

ウニは大声を張り上げて抵抗する。怒った店主がウニを殴るふりをすると、ウニ
はウアーッと叫ぶ。

S# 75.　室外。文具店の前 ― 昼

ジスクとウニ、文具店前にある警備室の前で、両腕を上げて立っている。通り
すがりの人たちが2人の少女をちらりと見る。母親と一緒に来た子どもが、2人
の少女の前をうろつく。

文具店の店主が少女たちを叱りつけている。

　　文具店の店主
　　お前の父さんはどこで仕事してるんだ?

ウニは答えない。

　　文具店の店主
　　黙ってたら**警察に行くぞ**。

ジスクが隣で、早く言ってしまえと目配せをする。ウニ、何も言わずに、じっと
地面を見ている。

ジスク
美都商店街でお仕事してます。

ウニ、ジスクの暴露に凍りつく。

　文具店の店主
　そこで商売してるのか？

ウニは依然として何も答えない。

　文具店の店主
　電話番号を言え。

ジスクも今度は何も答えられない。しかし、もう一度、ウニに早く言えと目配せ
をする。ウニ、ジスクの裏切りを冷ややかな思いで噛みしめ、諦めたように答え
る。

　ウニ
　555-2389です…。

店主、文具店の中に入っていき、ウニを睨みながら電話をかける。呼び出し音
が聞こえる。威圧的で傲慢な声で話す店主。

　文具店の店主
　はい、お宅の娘さんが万引きしたんです。
　そうです、お宅の娘さんが万引き。
　ここは開浦商店街ですよ。
　うちの文具店で万引きしたから捕まえました。
　小柄で大青中学の制服を着てて…。

しばしの沈黙。

文具店の店主
はい、ですから、この子が品物を盗んで…。
捕まえたって言ってるんです。

文具店の店主、次第に困惑した表情になる。どんな状況なのか、察したウニ、
顔を上げて店主の表情をじっくりうかがう。

文具店の店主
いや…、ですからお父さんに知らせて、
賠償してもらえれば、警察には引き渡さずに…。
…今すぐ引き渡せ？　はあ…、本当にこの子のお父さんですか…？

文具店の店主、だんだん言うことがなくなってくる。そして、ついに電話を切る。
やや気まずそうな顔。ウニは店主と目を合わせる。店主、何か言おうとするが、
ウニの表情を見てやめる。

文具店の店主
ええい、まったく…、お前たち、さっさと帰れ！
営業妨害するんじゃない。

ウニ、はっきり分かった。どんな会話が行き交っていたのかを。

S# 76. 室外。現代商店街の庭園 — 昼

ウニが先を歩き、ジスクは黙ってついて行く。立ち止まるウニ。恨めしそうな目
でジスクを見る。ジスク、罪悪感を覚えるが、そんな素振りはつとめて表に出さ
ない。

ジスク
先に帰るよ。漢文塾に私は休むって伝えといて。

ジスクはウニを残し、大またで遠くに歩いていく。

ウニ

ジスク、謝りもしないの？

ジスク、聞こえないふりをして行ってしまう。

ウニ

イカれてるんじゃない？

ウニ、ジスクの後を追いかけ、体を掴む。

ウニ

ジスク、何よ。どういうつもり！ 悪かったって謝ってよ！

ジスク、目を合わせず、別の所を見ている。

ウニ

ホントにイカれたの？ 謝りなさいよ！
悪いことしたと思ってる？ どうなの!!?

ジスク、ウニの腕を振り切って走っていく。

ウニ

待って!!!! チョン・ジスク!!!!

ウニ、そんなジスクの後ろ姿をじっと見ている。目に涙をにじませたまま。

S# 77. 室内。漢文塾、教室 ― 昼

ウニは元気がなく、ぐったりして机に伏せている。ヨンジが教室に入ってくる。

ヨンジ、授業の準備をするが、途中で手を止めて聞く。

ヨンジ
親友はお休みですか？

ウニ、その言葉に急に深くうなだれる。

ウニ
もう親友じゃありません。

ヨンジ、怪訝そうにウニを見る。ウニ、息が激しくなったかと思うと、わんわん泣き出す。

ウニ
開浦商店街で万引きして見つかりました。
家に帰ったら殺されます。
チョン・ジスクが文具店のおじさんに、うちの両親の店をバラしたんです。
あの子が私のことをバラしました。

ヨンジ、もくもくと湯気が立ちのぼる温かいウーロン茶を1杯、ウニに差し出す。

ヨンジ
ウーロン茶よ。
熱いからゆっくり飲んで。

ウニ、何度も感謝を表し、ウーロン茶を飲む。ヨンジのお茶のもてなしに恐縮しているウニ、飲んでいる途中でヨンジをじっと見つめる。

ウニ
あの文具店のおじさん、私の家族を
完全に仲が悪いと思ったと思います。

ヨンジ、ふっと笑い、ウニもつられて笑う。笑ったウニを見て、ほっとするヨンジ。

　　ウニ
　　大泣きしてごめんなさい…。

ヨンジは謝らなくていいと言うように首を横に振る。

　　ウニ
　　後で家に帰ったら兄さんに殺されます。

　　ヨンジ
　　兄さんに？

　　ウニ
　　はい。いつもボコボコに殴られるんです。

ヨンジ、言葉を選ぶ。慎重に。

　　ヨンジ
　　…じゃあ、その時、ウニはどうするの？

　　ウニ
　　ただ…、早く終わってほしい、
　　そう思って待ちます。逆らうと、もっと殴るから。

沈黙。ウニ、ウーロン茶をもうひと口、ちびちびと飲む。

　　ウニ
　　お茶の名前、面白いですね。ウーロン茶…。

そんなウニを黙って見ているヨンジ。複雑な表情である。

S# 78．室内。ウニのマンション、廊下 ― 夕暮れ時

ウニ、何度もためらっていたが、ピンポンとベルを押す。泣き出しそうな表情である。ピンポン。中から返事がない。ウニ、鍵を取り出し、そっとドアを開ける。

S# 79．室内。ウニの家、玄関 ― 夕暮れ時

玄関のドアを開けたまま、立っているウニ。

家には誰もいない。他の家族は誰も帰っていない。がらんとした午後の家。

S# 80．室内。ウニの家、台所 ― 夕方

ウニ以外の家族が全員、ひとつのテーブルに集まって食事をしている。ウニだけが台所の隅に両腕を上げて正座している。苦痛に満ちた顔。

S# 81．室内。ウニの家、リビングのベランダ ― 深夜

ウニ、こっそりリビングに出てくる。家族は眠っている。ウニ、ベランダの窓を開け、外を見る。向かい側のマンションのまだ眠りについていない家々に明かりがついている。ある家のリビングでは白熱灯が切れかかっているのか、チカチカ点滅している。規則的については消える、その動き。空を見上げるウニ。空には星が浮かんでいる。星を眺めているウニの後ろ姿。

S# 82．室内。餅屋 ― 昼

母がウニに餅を持たせてやっている。

母
ジスクはお餅が好きなの？

ウニ
うん。

母
ピザばっかり食べてそうなのに。

母が餅を包みながら言う。

母
ウニ、これからは悪さしないで。
お母さんは恥ずかしくて近所を歩けない…。

ウニ
分かった。

S# 83. 室内。漢文塾、教室 ― 昼

ウニ、誰もいない教室に静かに入ってくると、ドアを閉め、持ってきた餅をヨンジの机の上に置く。出ていこうとするが、ふと教室を見回す。がらんとした教室。

ウニ、ヨンジの椅子に座ってみる。そして、机をゆっくり見渡す。本棚に並んでいる数々の本。『クヌルプ　彼の人生の3つの物語』、『青年のための韓国現代史』。引き出しも開けてみる。さまざまな書類。"都市貧民と運動"等の文句が書かれている。ウニ、引き出しを閉め、しばらく考える。すると、机に置かれた付箋を剥がして書き込む。

"昨日はありがとう…"。文字が気に入らないのか、新しい付箋を剥がし、一文字ずつ、しっかり書いていく。

昨日はありがとうございました。
― ウニより

S# 84. 室内。AVECカラオケ、小さい部屋 ― 昼

ウニ、ウォン・ジュニの「愛はガラスのようなもの」を歌っている。

ウニ
本当に知りませんでした… 愛とはガラスのようなもの…

歌っているウニを好奇心に満ちた目で見ているユリ。ウニ、照れくさくて、どうしてもユリの方を見られずにいる。

ウニ
美しく光り輝いてるけど 壊れやすいということを
もう壊れてしまう愛のかけらたち…

S# 85. 室外。ウニのマンション、団地の裏道 ― 昼

マンションの裏道を歩いているウニとユリ。ユリ、ウニをちらちら見ている。

ユリ
日曜日に、またカラオケに行きましょう。

ウニ、しばらく考えてから、こくりとうなずく。ユリ、にっこり笑うと、陽気にウニの手を握る。ウニ、握られた手を離さない。手をつなぎ、並んで歩く2人の少女。ウニ、何かを見て表情が変わる。ユリは気づかない。

ジワンである。

ジワンが道の先でウニを見ている。ウニ、ユリの手をそっと離す。ジワンがウニとユリの前にゆっくり近づいてくる。

　　　ジワン
　　　友達と話が終わるまで
　　　公園で待ってるよ。

ユリ、ジワンの登場に戸惑う。そして、ほどなく2人の空気を察する。

　　　ユリ
　　　友達じゃないんですけど。

ウニ、その言葉にはっと驚き、ユリを見る。

　　　ジワン
　　　ああ、後輩なのか…。

ユリ、ウニが困惑していることに気づく。

　　　ユリ
　　　お姉さん、行きたいですか?

ウニ、もじもじして答えることもできずに黙っている。ユリが気分を害したのか、その場を離れ、ジワンとウニの2人だけが残される。

ジワンとウニ、気まずい再会。ジワン、ウニの顔から目を離さない。

ウニ、ジワンを残して家に向かう。ジワン、ウニを追ってくる。ウニ、ジワンを無視して大股で歩く。ウニが立ち止まり、ジワンの方を振り向くと、ジワンも立ち止まる。ウニがまた歩き出すと、ジワンもついて来る。そうして、しばらく時間が経つ。ジワンが叫ぶ。

ジワン
ヘジに自殺するって何回も言われた！
本当にどうしようもなかったんだ！

ウニが最後にもう一度、立ち止まり、ジワンを見つめる。妙な表情の変化。

S# 86. 室内。ウニの家、兄の部屋 ― 昼

キスをしているウニとジワン。2人はウニの兄の部屋のベッドに横になっている。
布団に入り、顔だけ出しているウニとジワン。キスが終わり、ウニは恥ずかしい
のか、背中を向ける。

ジワン
背中を向けるなよ～。

ウニ、にっこり笑ってもう一度、ジワンを見る。ジワン、ウニの頭を撫でる。

ジワン
ウニの兄さん、いつ帰るって？

ウニ、にっこり笑う。

ウニ
塾が終わってから、夜遅く。

ジワン、ウニを強く抱きしめる。

ウニ
筋肉！

ジワンが腕の筋肉にぐっと力を込め、ウニに突き出す。その腕を触り、はしゃぐ
ウニ。もう一度、黙って抱き合う2人。ジワン、再びウニの頭を撫でる。その温

かい手のぬくもりを感じるウニ。真昼の静けさ。

　　　ウニ
　　　頭を触ってもらうのが一番好き…。眠い…。

S# 87.　室内。セソウル医院、診察室 ─ 昼

医師、カルテに何かを書き、ウニに淡々と話す。

　　　医師
　　　やっぱり大きい病院に行くのがよさそうだな。
　　　お母さんに、この所見書を渡すんだよ。いいね?

　　　ウニ
　　　どうして大きい病院に行かないといけないんですか?

　　　医師
　　　もっといい所で、
　　　正確な検診を受けるんだ。心配しないで。

S# 88.　室外。現代商店街の庭園 ─ 昼

ウニ、現代商店街の庭園を抜けて家に帰る途中。誰かを見つけて目を丸くする。

母である。

最初は違うかもしれないと思い、首をかしげるが、確かに母だ。ウニはうれしく
て母を呼ぶ。

ウニ
お母さん！

しかし、母には聞こえない。

ウニ
（さらに大きな声で）お母さん！　お母さん!!　おかーーさん!!!

ウニはさらに大声を張り上げて母を呼ぶ。異様に思えるほど、声の限りに母を
呼ぶウニ。しかし、やはり母には聞こえない。周囲の人たちがウニをちらちら見
ては通り過ぎる。母は上方の階段にゆっくり歩いていく。何やら考えにふけっ
ている母。母の周りにひとつの島ができているかのように、彼女は孤独に見える。

ウニはそんな母の姿に圧倒され、それ以上、母を呼べない。道端に立ち尽くし
ている呆然自失のウニ、その顔。

S# 89.　室内。ウニの家、夫婦部屋 ― 夕方

ウニ、少し開いているドアにもたれ、ベッドに横になっている両親と話をしている。

父
大きい病院に？

ウニ
はい。大したことないけど、
もっと正確に検査するためにって。

母
おかしいわね…。

父と母、どことなく心配そうな表情である。

父
よし、分かった。
父さんが病院を予約しよう。戻って寝なさい。

目礼してそっとドアを閉めるウニ。閉めながら母を見る。

S# 90. 室内。大きい病院、診察室 ― 昼

大きい総合病院。診察室で父と一緒に医師 (60 代男性) の所見を聞いている
ウニ。

医師
この図をご覧ください。唾液腺にしこりができています。
耳の横の部位を切り開いて、しこりを取り除かなければなりませんが、
手術がうまくいかなかった場合、顔が麻痺したり、
歪んだりする副作用があるかもしれず…。

父は顔が蒼白になる。

父
はい?

医師
確率は低いので、心配なさらなくてもいいですが…、
ただし長い線状の傷痕は残ります。

S# 91. 室内。大きい病院、診察室前の廊下 ― 昼

ウニと父、廊下に座っている。点滴スタンドを押しながら通り過ぎる患者。

父は遠くをぼんやり見つめている。父の顔が次第に歪んでいく。

涙をぽたぽたこぼし、わんわん泣き出す父。見慣れない光景。ウニは、泣いている父の前で途方に暮れている。人々が2人を横目でちらちら見ている。

S# 92.　室内。ウニの家、台所 ― 夜

家族全員、座って夕飯を食べている。

　　母
　　何事もないわよ。心配しないで。

　　父
　　失敗する可能性はかなり低いらしい。
　　医者が勝手に脅してるだけだ…。

　　デフン
　　お前、顔が歪んだらどうするんだ？
　　今よりもっと不細工になるのか？

　　父
　　デフン…。

　　兄
　　冗談ですよ。

　　スヒ
　　面白くなきゃ冗談じゃない。

デフンはスヒを睨みつける。ウニ、自分に注がれる関心に戸惑っているように笑う。

S# 93． 室内。漢文塾の建物、廊下 ― 昼

ヨンジ、窓にもたれてタバコを吸っている。

階段を上がってきたウニ、ヨンジを見つける。挨拶はせず、ヨンジをじっと見つめる。

ヨンジの横顔。ヨンジ、ウニの存在に気づく。そして、明るい笑顔を見せる。

その笑顔に、照れくさそうに笑うウニ。

S# 94． 室内。漢文塾、教室 ― 昼

ヨンジ、授業の準備をしながら、ふと話しかける。

> **ヨンジ**
> お餅、ごちそうさま。
> お餅はあまり食べないんだけど、ウニの店のお餅は本当においしかったわ。

> **ウニ**
> 使ってる材料がすごくいいんです…。
> 最高級のお米を使ってるから…。

> **ヨンジ**
> お母さんにお礼を伝えといてね。

その時、ジスクがドアをガタンと開けて入ってくる。ウニ、はっと驚く。ジスクは目も合わせず、教室の隅に座る。離れて座っているジスクとウニ。

黒板に漢文を書き始めるヨンジ。書いていた手をはたと止めると、少女たちの方を見る。依然として仲たがいしている少女たち。

ヨンジ
1曲、歌ってあげようか?

2人の少女は呆気に取られてヨンジを見る。互いに顔色をうかがっている少女
たち。ヨンジは少女たちの反応をよそに、虚空を見つめて歌い出す。

ヨンジ
切れた指を見つめながら焼酎を1杯 飲む夜
ガタガタ 機械の音が耳元で鳴っている 空を眺めてみたよ
切れた指を埋めてきた日 冷たい涙を流した夜
血の付いた作業服に過ぎ去った僕の青春…
指を埋めた山を 酒に酔ってとぼとぼさまよい歩いたんだ
冷たい焼酎に酔って とぼとぼさまよい歩いたんだ

少女たちには、この学生運動の歌は難しいが心に響く。ヨンジの声は清らかで、
どことなく悲しげである。歌に酔ってヨンジを見ているジスク、そしてウニ。

S# 95. 室外。漢文塾の建物の前、円形劇場 ― 夜

授業が終わり、ジスクとウニは黙って夜道を歩いている。ウニが沈黙を破る。

ウニ
私、もうすぐ入院するんだ。
副作用で顔が歪むかもしれないって。

ジスク
何? どういうこと?

ウニ
耳の下にしこりがあるから手術しないといけないんだ。

ジスク
なんで言ってくれなかったの？

ウニ
ジスクが連絡くれなかったから。

ジスク、立ち止まる。そして泣き出す。すると、がっくり肩を落として話す。

ジスク
あの時、あんなことしたのは怖かったから…。
おじさんが私たちを殴る気がして。

ウニ、ようやく理解できた。

ウニ
ジスクが私を捨てたと思った。
もう私たちは友達じゃないと思った。

ウニ、わんわん泣き出す。ジスク、ウニが泣くのを見て、つられてまた泣く。道端にぎこちない姿勢で立ったまま泣いている2人の少女。

S# 96. 室内。ウニの家、リビング ― 昼

晴れ渡った翌日。ウニ、リビングに座り、ラジカセの前で音楽を録音中である。床に転がっているカセットテープ。ウニは電蓄につないだマイクでラジオのアナウンサーのようにコメントまで入れている。

ウニ
はい、では次の音楽は
キム・ジワンとキム・ウニの200日記念ソングです。
もちろん、途中で空白もあったけど…、

それでも200日は200日です!

コメントが気に入らないのか、何度も録音し直すウニ。ついに気に入ったらしく、今度は同時ボタンを押して音楽を録音する。

描きためていた男の子と女の子の絵を縮小コピーした紙。その紙を数枚、切り取って貼り、録音したカセットの表紙にするウニ。かなりの集中力を発揮して作っている。

S# 97. 室内。映画館 ― 昼

ウニとジワン。暗い映画館で映画を見ている。映画館から聞こえてくる音。ある性的な緊張感を覚える2人。時々、互い違いに相手を見る。

S# 98. 室外。一本道、または現代商店街の庭園 ― 夕暮れ時

ジワンとウニが2人のアジトにいる。ウニ、夕暮れ時の空を眺める。静かに流れていく雲、薄暗い夕方の紫色。

ウニ
私、この時間は不思議な気分になる。

ジワン
ウニもそうなのか?

ウニ
ジワンも?

ジワン
うん。

ウニ
　　　どんなふうに？

　　　ジワン
　　　なんとなく、寂しい。
　　　…フー。真剣すぎたかな？

ウニ、ジワンが使った単語に驚く。2人、黙って歩く。

　　　ウニ
　　　…手術に失敗して、
　　　顔が歪んでも私を好きでいてくれるかな、ジワンは？

ジワン、大笑いする。

　　　ジワン
　　　バカだな、医者はそうやっていつも脅すんだ。
　　　僕の父さんも大げさだよ。心配するな。

　　　ウニ
　　　ジワンに渡す物があるんだ。

ウニがわくわくしてカバンの中から何かを取り出そうとした瞬間、ある中年女性
が近づき、ジワンの頭を激しく叩きつける。ジワンの母（40代半ば）である。き
れいに着飾った裕福な中年女性の印象。

ジワンは驚き、何も言えずに立っている。ジワンの母は冷ややかな目でジワン
を見る。

　　　ジワンの母
　　　この子が餅屋の娘なのね？

ジワンは答えられないまま、地面ばかり見ている。

ジワンの母はジワンの腕を掴み、家に向かう。母にずるずる引っ張られてその場を去るジワン。ウニは道路沿いに1人、残される。ジワン、振り返りもしない。

ウニ、ぼんやり立っている。もうジワンとは本当に終わりだ。

S# 99. 室内。漢文塾、教室 ― 夜

塾の教室で業務中のヨンジの後ろ姿。

ドアが開く。ヨンジが振り向くと、ウニが立っている。

ウニ
先生、お帰りになるまで、ここにいてもいいですか？

がらんとした教室で向かい合わせに座っているウニとヨンジ。2人の前にはウーロン茶が置かれている。ウニ、ぐったりうなだれている。ヨンジはそんなウニを心配そうな目で見ている。ウニ、ウーロン茶をひと口ずつ飲む。

その時、いきなり教室のドアが開き、誰かがちょこんと顔を突き出す。塾長（50代）、気難しそうな印象の女性である。

塾長
ヨンジ先生、いつ終わる？　いつ手伝ってくれるの…？

ヨンジ、悩んでいたが言う。

ヨンジ
あの、9時まで出かけてきてもいいでしょうか。

塾長、ため息をつくと、出ていく。ウニ、どんな状況なのか分からず、様子をうかがう。

ヨンジ
ちょっと一緒に散歩する？

S# 100. 室外。学校の前、横断幕の道 ― 夜

ウニの登校の道。ウニとヨンジが近くにある古びたコンテナの家々を通り過ぎる。コンテナの家から明かりが漏れている。

ウニ
先生。ここに住んでる人たちはどうして横断幕を掛けてるんですか？

ヨンジ
家を奪われたくないからよ。

ウニ
どうして人の家を奪うんですか？

ヨンジ、何と答えていいか分からず、困惑する。

ヨンジ
理不尽なことが本当に多いわよね。

ウニ
可哀想です。家も寒そうだし…。

ヨンジ
…それでも、…可哀想だと思わないで。

ウニ
はい？

ヨンジ
むやみに同情できない。
知らないから。

S# 101. 室外。塾の建物の前、円形劇場 ― 夜

塾の前に戻ってきた。ウニはなぜかヨンジと別れるのがとても寂しい。ウニがぐ
ずぐずしていると、ヨンジがいたずらっぽい顔で笑う。そして、ウニの頭を一度、
撫でてやる。

ヨンジ
タバコを1本、吸ってから行くわ。じゃあ。

ヨンジ、タバコを取り出して吸う。ウニ、ヨンジ "先生" のタバコを吸っている
姿がうれしい。ヨンジとウニは塾の前のベンチに並んで座る。黙ってタバコを吸
っているヨンジと、その隣に座ってヨンジを見ているウニ。

ウニ
先生、
私が可哀想だから優しくしてくださるわけじゃありませんよね？

ヨンジ、その問いかけに心がひどく痛み、ウニをただ黙って見ている。しばしの
沈黙が流れた後、

ヨンジ
バカな質問には
答えなくてもいいでしょ？

ウニ、その言葉ににっこり笑う。

> **ウニ**
> 先生…。私はなぜか、キム・ジワンがそうだったと思うんです。
> だからこの状況は、逆に不思議と気が楽です。

ヨンジ、ウニの話に静かに耳を傾ける。ウニ、うつむいて地面ばかり見ている。
そして、しばらく待つヨンジ。ウニがゆっくりと顔を上げ、恥ずかしそうにヨンジ
を見る。

> **ウニ**
> 先生は、自分が嫌になったことはありますか?

2人の女性の目が合う。

この子に何を話そうか、物憂げな顔のヨンジ。その沈黙をようやく破り、ヨンジ
が答える。

> **ヨンジ**
> …うん。何度も。本当に何度も。
> 私も同じよ。

ウニ、ヨンジの答えに驚いて聞き返す。

> **ウニ**
> 先生は、
> あんなにいい大学に通ってるのに?

ヨンジ、子どものその言葉に、笑いながらうなずく。

> **ヨンジ**
> …自分を好きになるには時間がかかると思う。

その言葉に心が動くウニ。

ヨンジ
私は自分が嫌になる時、心をのぞいてみるの。
こんな心があるんだな、だから私は今、自分を愛せないんだなって…。
ウニ、つらくて落ち込んだ時は指を見て。
そして1本1本、動かす…。
そうすると、本当に神秘を感じるの。
何もできない気がしても指は動かせる…。

ヨンジの白くて長い指。そのゆっくりとした動き。

沈黙。

ヨンジ、新しいタバコに火をつける。88【タバコの銘柄】のタバコの箱。

ウニ
見てもいいですか?

ウニ、ヨンジのタバコの箱を鼻に持っていき、においを嗅いでみる。

ウニ
不思議です。

ヨンジ
何が?

ウニ
先生がタバコを吸うのが面白いです。
大人は、タバコは健康によくないって言いますよね。

ヨンジ
これはすごくいいの。
それに健康によくないものは、タバコ以外にも山ほどある。

ウニ
それ、いただいてもいいですか?
記念に…!

ヨンジ
これをもらったら、気分がよくなると思う?

ウニ、激しくうなずく。ヨンジ、少しためらっていたが、タバコの箱を渡す。

ヨンジ
本当に苦しいことがあった時だけ1本、吸って。
でも絶対にこれだけよ。

ウニ、心からはしゃぐように明るく笑う。

S# 102.　室外。ウニのマンション、団地の裏道 ― 夜

1人で歩いているウニ。満ち足りた表情。カメラは長くその顔を追っていく。

ウニ、ふと立ち止まる。うれしいながらも悲しい顔。夜の空気。

S# 103.　室内。ウニの家、ウニの部屋 ― 昼

窓から蝉の鳴き声がけたたましく聞こえてくる。ウニ、入院に備えて服をカバンに詰める。リストをチェックしながら、器用に荷造りするウニ。その隣でジスクが床に寝転び、漫画本を読んでいる。合間にインスタントラーメンの麺をそのまま

ポリポリ食べる。ウニも横取りして食べる。

> ウニ
> インスタントラーメンも1袋、入れようか？

> ジスク
> 病院だと、それはダメじゃないかな。

> ウニ
> 漫画本、持っていこうか？

> ジスク
> グッドアイデア。

慌ただしく荷物をまとめるウニ。漫画本を読みながらうわの空で答えるジスク。その仲睦まじい雰囲気。

S# 104. 室内。ウニの家、リビング — 昼

ウニ、部屋の前に立ち、リビングの様子を盗み見ている。リビングでは父が社交ダンスの練習をしている。リビングをあちこち回りながら踊っている父。ウニ、ポケットの中のポケベルを取り出し、時間を見る。父が部屋に入るのを待っているが、いっこうに入らない。ウニ、それ以上待てず、リビングに行く。

父はウニが来ると、ふむふむと言いながら踊りをやめる。ウニは少し体を縮めて、リビングの本棚の前で立ち止まる。世界文学全集をじっくり見ている。そこから1冊、取り出す。スタンダールの『赤と黒』。

> 父
> それはなんで？

ウニ
なんとなく…、ちょっと読もうかと思って。

父
準備できたか?

ウニ
はい。友達を送ったら、すぐ戻りますね。

ウニは父に何か言われそうで顔色をうかがうが、幸い、父は分かったと言うよう
にうなずくと部屋に入っていく。

S# 105.　室内。漢文塾、廊下 ― 昼

ウニ、ヨンジに小さな紙袋を差し出す。

ウニ
本がお好きかと思って…。

ヨンジ、本を受け取り、少し感激した表情である。

ヨンジ
いつ返せばいい?

ウニ
お返しくださらなくてもいいですけど…。

ためらっているヨンジの表情を見て、ウニが答える。

ウニ
私が退院した後に返してくださってもいいです。

ヨンジ
ええ、ありがとう。手術、頑張って。

ウニ
夏休みが終わったら会えますね!

腰を曲げ、頭を下げながら挨拶するウニ。階段に行こうとした途端、振り返る。
ウニ、ヨンジを見つめる。何かを待っている表情。ヨンジのところに走っていき、
抱きつくウニ。

ウニ
私は先生が好きです。

ヨンジ、ウニの抱擁に驚く。言葉にできない、しかし感激した表情である。

塾の廊下、2人の長い抱擁。

S# 106. 室内。大きい病院、手術室 — 夜

ウニを見ている医師と看護師。

医師
さあ、これから麻酔をしよう。
だんだん眠くなるよ。

看護師
心の中で20までゆっくり数えてみて。

画面はだんだん暗くなる。光がやや残る中、画面はゆっくりと黒味に変わる。

S# 107.　室内。大きい病院、回復室、または回復室前の廊下 ― 朝

手術を終え、回復室で目を覚ましたばかりのウニ。隣で男の子が悲痛に泣きじ
ゃくっている。ウニは寒気を感じているのか、顔をしかめ、布団を体に巻きつけ
るように掛ける。寒い。

　　　ウニ
　　　すみません…。

看護師の1人がようやくウニの声に気づき、ウニの方に来る。

　　　ウニ
　　　すみません…。

　　　看護師
　　　うん、どうしたの。痛いでしょ?

　　　ウニ
　　　いいえ…。

看護師、ウニの答えを聞き、再び仕事に戻る。

　　　ウニ
　　　すみません…。

看護師、よく聞こえない。

　　　ウニ
　　　すみません…。

その声がやっと聞こえた看護師、ウニを見る。

看護師
うん？

ウニ
私のしこりはどこに行ったんですか？

看護師
ああ、あれ？　捨てたわ…。

ウニ、捨てたという言葉にしょんぼりする。

ウニ
どこに？

看護師
（笑いながら）それがどうして気になるの？

しょんぼりしているウニ。看護師、その場を離れる。隣にいた男の子の泣き声が
次第に大きくなる。耳をつんざくほど大泣きしている。ウニ、布団で顔を隠して
しまう。顔を覆っている白い布。

S# 108.　室内。大きい病院、病室 ― 昼

母と父が並んで立ち、ウニを見ている。ウニ、ゆっくり目を開ける。

父
大丈夫か？

父がウニを心配そうな目で見ている。母は隣でにこやかに笑っている。

ウニ、かすかに目を開けたまま黙ってうなずく。

母
病院のご飯はおいしい？

ウニ
まだ食べてない。

両親はウニのベッドの横にある簡易ベッドに座る。気まずい沈黙。3人とも押し
黙っている。母は意味もなく簡易ベッド脇のテーブルの引き出しをひとつずつ開
けては閉める。

父
スヒも傷痕が残ってるのに、ウニ、お前まで…。
昌信洞の一間の家に住んでた頃、お前たちをおぶって、
朝の6時から必死に働いた。本当に必死に…。
あの時、スヒが腕を火傷したんだ。
ちょっと目を離した隙に、やかんが転がって。
父さんがほんのちょっと出かけた間に…。
スヒを幼稚園に行かせても帰ってきた。周りの子にさんざんからかわれて…。
なのにウニ、お前まで…。

父は深いため息をつく。

S# 109.　室内。大きい病院、エレベーターの前 — 昼

エレベーターの前で父と母を見送るウニ。ドアが閉まる前に父が言う。

父
ご飯、ちゃんと食べるんだぞ。

母
先生の言うこと、よく聞くのよ。

水曜日頃、みんなで一緒に来るから。

ウニ、うなずく。エレベーターのドアが閉まる。ウニ、閉まったドアの前でしばらくじっとしている。そして病室に戻っていく。誰もいない廊下。

S# 110. 室内。大きい病院、病室 ― 昼

ウニが病室に入ってくると、ウニの居場所にユリが立っている。ウニ、驚いて足を止める。

ユリ
お姉さんの家に電話して、病院を教えてもらいました…。

ウニの傷痕を見て涙ぐむユリ。ウニはそんなユリを見て、どうしていいか分からない。ユリはさらに激しく泣く。

同じ病室に入院している患者の中年女性たちが何事かと思い、見ている。ウニは周りの中年女性たちの視線がユリに向いているのを感じる。

ウニ、カーテンを閉め始める。あまり速くもなく、ゆっくりでもなく。サーッと少しずつ閉まっていくカーテン。カーテンが閉まり、2人だけの空間になった。ユリはやっと泣き止む。

カーテンの外は中年女性たちのおしゃべりとテレビの音で騒がしい。

しばしの間、気まずい沈黙。

ユリ
手術したところは、すごく痛いですか?

ウニ
ううん、大丈夫…。

ユリ
どうして返事をくれなかったんですか？

ウニ、ユリと目を合わせられずにうつむく。

ユリ
お姉さん…。私はお姉さんが大好きです。
友達よりも、
両親よりもお姉さんが好きです。

ユリはまた涙ぐみ、ウニはかける言葉が見つからない。

ユリ
お姉さんのことだけ考えてました。

ウニ、この滑稽なほど悲壮な告白に、唖然としている。ユリ、ウニにプレゼント
を渡す。きれいな紙袋に詰められた、ずっしり重いプレゼント。ウニ、紙袋や折
り鶴の瓶、アクセサリーボックスを見る。

ユリ
あの時の彼氏はお見舞いに来ないんですか？

ウニ
別れた。

その言葉に、密かに喜ぶユリ。

再び気まずい沈黙。ウニが決心したように聞く。

ウニ

どうして私が好きなの？

ユリ、しばし考え込む。ウニは目を丸く見開き、ユリの答えを待っている。

ユリ

なんとなく…、
ただお姉さんが好きなんです。それじゃダメですか？

ウニ、その答えが気に入ったのか、明るく笑って見せる。ユリは希望に満ちた目でウニを見る。すると、ウニの顔をじっと見つめていたユリが突然、ウニの顔に手を当てる。

ユリ

（笑いながら）まつ毛が付いてます。

ウニ、驚いて戸惑う。ぎこちない雰囲気が漂う。顔を赤らめるウニ。カーテンの外からは、中年女性たちのおしゃべりやテレビの音が相変わらず聞こえてくる。

ウニ、照れくさいが、今度はユリの目を正面から見つめる。

ウニ、ユリに近づき、頬にキスをする。ウニの突然の行動に驚き、後ずさりするユリ。その反応に、ユリ以上に驚くウニ。

ユリ、ため息をつき、頭を抱えて呆然としている。ユリの息が次第に激しくなったかと思うと、ウニの唇に自分の唇を重ねる。

驚いたウニ、ユリを黙って見ている。2人の少女、晴れやかな笑顔で見つめ合う。

S# 111. 室内。大きい病院、トイレ ― 昼

トイレにぼんやり立っているウニ。やや赤らんだウニの頬。ユリがくれたプレゼン
トをじっくり見る。数百羽の折り鶴が入った長いガラス瓶。そして 14K のピアス。
ウニ、左耳にピアスを付けてみる。きれいにすっと入っていく。右耳にも付けよう
とするが、手術後のため痛い。ウニは両耳に付けるのを諦め、左耳のピアスも
外して箱に丁寧に入れる。ウニの満足げな表情。

S# 112. 室内。大きい病院、廊下 ― 早朝

寝静まった早朝、病院の静寂。

患者服を着たウニ、のんびりと廊下を歩き回っている。

ウニ、廊下の休憩室に座る。ガラス窓の外に見える向かい側の病棟の廊下。ま
ばらに通り過ぎる患者。緑色の蛍光灯だけが点いている早朝の巨大な病院。内
部が見える透明のエレベーターが時折、昇降する。エレベーターの動き。窓か
ら差し込む早朝の青い光。

S# 113. 室内。大きい病院、病室 ― 朝

ウニ、ベッドに座り、インスパイロメーター【Inspiro Meter：手術後、肺活量を鍛える器
具】の練習中である。おもちゃのような形をしたその器具に付いているマウスピ
ースにフーッと息を吹き入れると、青いボールが上がっていく。ウニが息を吹く
たびに小さな青いボールが上がっては下がる。繰り返されるボールの上昇と下
降。しばらくの間、その器具に息を吹き入れているウニ。

看護師が仕切りプレートを運び、配膳している。病室の中年女性は喜んで食事
を始める。看護師、ウニに仕切りプレートを渡す。ケーキのような特別なおやつ
も付いている。食事を始めるウニ。

隣のベッドの中年女性1（40代後半）がウニに近づくと、ビニール袋に入ったおかずを箸でウニの仕切りプレートにのせてやる。

中年女性1
これは梅の漬物よ。食べてみて。
うちの嫁が作ってきたの。

ウニ
ああ…、はい…。ありがとうございます。

ウニ、何度も頭を下げて感謝を表す。

中年女性1
小さい子が苦労するわね。

ウニ、小さい子という言葉に照れ笑いをする。中年女性1は他の中年女性のベッドも回り、梅の漬物を少しずつ分けている。

中年女性2
あれまあ、ありがとう。
ホホホ…。おかずが1品、増えたわ。

中年女性たちは中年女性1に礼を言い、談笑している。和やかな雰囲気の中、梅の漬物を白米と一緒に食べるウニ。おいしい。

S# 114. 室内。大きい病院、廊下 ─ 昼

遠くの廊下の隅でウニが電話をしている。受話器を力なく下ろし、病室に戻ろうとすると、休憩室で中年女性たちがざわついている。テレビから金日成死亡のニュースが流れてくる。

アナウンサー

(V.O) 繰り返します。ニュース速報です。

北朝鮮の金日成委員長が死去しました。

8日午前2時、急病で息を引き取りましたが、

北朝鮮の朝鮮中央放送は、死去から34時間後に発表しました。

死因は心筋梗塞で、葬儀は17日、国家の一大行事として…。

中年女性たちが「あらまあ」と嘆息を交え、思い思いに合の手を入れる。
「金日成は死なない人だと思ってたけど…」

S# 115. 室内。大きい病院、病室 ― 夕暮れ時

ウニ、ベッドに弱々しく横になっている。ほっそりした背中、そして首に貼られた
巨大な白い絆創膏。

その背中に誰かの手が触れる。

ウニ、人の気配を遅れて感じ、がばっと起き上がる。

ヨンジである。ウニを見て、明るく笑うヨンジ。

S# 116. 大きい病院、廊下 ― 夜

廊下。全面ガラス張りの窓から、向かい側の病棟の明かりが見える。夜の静けさ。
明かり。向かい側の病棟で点滴スタンドを押しながら歩いている人のゆっくりし
た動き。ウニとヨンジは廊下の椅子に座り、しばし病院の風景を眺めている。

　　　ウニ
　　　先生がいらっしゃるとは思いませんでした…。

ヨンジ
病院に来るのは好きなの。

ウニ
どうして？

ヨンジ
なんとなく落ち着くから。病院に来ると。

ウニ
タバコを吸う時みたいに？

ヨンジ、にっこり笑う。沈黙。

ウニ
私もどういうわけか、家より病院の方が落ち着く気がします。

ヨンジ、ウニをじっと見つめる。

冷ややかな沈黙。しばらく間を置いていたヨンジ、ようやく口を開く。

ヨンジ
ウニ。

ウニ
はい？

ヨンジ
これからは殴られないで。
誰かに殴られたら、何が何でも立ち向かうのよ。

ヨンジのその表情に、ある悲壮な思いがある。

これまで見てきたヨンジの顔とは違う、ある熱気。

　　ヨンジ
　　絶対に黙ってないで。分かったわね？

ウニ、すぐに理解できた。

　　ヨンジ
　　約束して。

ウニ、力強くうなずく。すると、小指を立て、ヨンジに約束を交わそうと言う。ヨンジ、笑顔で小指を差し出す。小指を絡ませ、約束する2人の女性。ヨンジ、ウニがかわいいのか、笑う。

S# 117. 室内。大きい病院、病室 ─ 夜

ベッドに横になり、オレンジ色のヘッドランプの明かりの下で、あれこれ落書きをしているウニ。

"Avec ヨンジ先生、Avec ジスク、Avec ユリ。♥♥♥"
"もう患者じゃない!!! 私には3人もいる！"
"キム・ジワン、最低の奴!! もう、あんたとは終わり！"

S# 118. 室内。大きい病院、病室 ─ 朝

がらんとしたウニのベッドとテーブル。ウニ、布団をきれいにたたむ。同じ病室の患者の中年女性たちがウニを見送る。

　　ウニ
　　さようなら。

中年女性1
ええ、元気ね。勉強、頑張って。

中年女性2
まあ、しっかりしてるわ。
ご両親は来なくて、1人で帰るの?

ウニ
はい…。さようなら。

ウニは患者や病室を見回り中の看護師に何度も礼を言い、腰を曲げて挨拶する。看護師はウニに挨拶すると、各自、仕事に戻っていく。

S# 119. 室内。バスの中 ― 昼

以前より増えた荷物を持ち、バスに座っているウニ。病院から家に帰る途中、日差しがまぶしい。道沿いの木々、その緑。

S# 120. 室内。ウニの家、リビング ― 昼

ウニ、鍵を差し込み、ガチャリという音を立ててドアを開ける。金属のドアノブ。ドアを開けると、リビングのベランダから暖かい日差しが降り注ぐ。家には誰もいない。ウニ、夫婦部屋のドアを開けてみる。やはり誰もいない。

S# 121. 室内。ウニの家、トイレ ― 昼

ウニ、鏡の前で巨大な絆創膏を剥がしてみる。慎重にゆっくり剥がし取る。

少しずつ露になる傷痕。黒い糸が首の下全体を鉄条網のように覆っている手術の痕。フランケンシュタインの顔のような痕跡。その周りの肌は、まだ赤く腫れている。絆創膏には黄色い膿と赤チンが付いている。

ウニ、手術した部位を長い間、眺めている。見慣れず、ひりひり痛む。

S# 122. 室内。ウニの家、リビング — 昼

ウニ、床にしゃがみ、受話器に向かってあれこれ話しかける。

> **ウニ**
> ペ・ユリ、こんにちは。ウニお姉さんだけど…、
> 私、手術が終わって家に帰ってきた…。

ウニ、取り消しボタンを押す。声を整え、再録音する。

> **ウニ**
> ユリ、こんにちは。私、ウニだけど、
> 退院したんだ！ 今週、一緒にカラオケに行こう。連絡してね。

> **メッセージサービスの声**
> 保存は「1」を、もう一度、録音するには「2」を…。

ウニ、陽気に「1」を押す。

S# 123. 室内。ウニの家、ウニの部屋 — 夜

ウニ、スタンドの明かりで目が覚めると、スヒとスヒのボーイフレンド、ジュンテがこそこそ話をしている。ジュンテはウニの大きな絆創膏を好奇心に満ちた目で見ている。久しぶりに会ったジュンテは、ウニに親しげに話しかける。

ジュンテ
痛くなかった？

ウニ
はい。

ジュンテ
中を見てもいいか？

ウニ、うなずき、絆創膏を剥がして見せる。

ジュンテ
ハッ、マジで痛かっただろう。

ウニ
まあ…、それなりに。

机の上を片づけていたスヒがシーッと注意を促す。沈黙するウニとジュンテ。スヒがスタンドランプを消し、床に下りてくる。ウニ、ポケベルを確かめる。何の連絡もない。すると、2人に背を向けて寝る。スヒとジュンテはまだひそひそ話をしたり、ごそごそ動いたりしている。ウニは慣れた様子で眠りにつく。

S# 124. 室内。漢文塾、教室 ― 昼

ウニ、教室のドアをガバッと開ける。ヨンジの姿はなく、別の女性の先生が机に座っている。

ウニ
キム・ヨンジ先生の授業じゃないんですか？

新しい女性の先生
ああ、私が新しく来たんだけど…。

ウニ、何やら妙な予感がして、慌てて教室を飛び出す。

S# 125. 室内。漢文塾、塾長室 ― 昼

塾長室では塾長が通話中である。ウニは、ノックもせずに塾長室に入り、尋ねる。

ウニ
ヨンジ先生は、どこに行かれたんですか?

塾長は、ちょっと待ってと手振りで示し、ウニを待たせる。塾長の長電話が終わるまで、ウニは不安だ。電話を切る塾長。

塾長
キム・ヨンジ先生はお辞めになったけど…。

ウニ
はい?

ウニ、凍りついたまま立っている。塾長がウニを怪訝そうな目で見る。

ウニ
どうしてですか?

塾長
先生が荷物を取りに
日曜日に来るって言ってたから、その時、聞いてみて。

また電話のベルが鳴る。塾長はすぐに電話に出て、親切な声で応対する。

塾長
はい、ハンボ書道塾です。

ウニ
日曜日の何時ですか?

塾長、通話中のため、答えられない。ウニが立ったまま答えを待っていると、塾長、手で1時から2時と示す。

S# 126. 室内。ウニの家、リビング ― 昼

ウニ、リビングの床に寝転び、天井を見つめている。ウニの腕の下にはポケベルが置いてある。ウニ、ポケベルを確かめてみるが、何の連絡もない。ウニ、体をもそもそ動かす。すると、ソファーの下で何かが光っているのが見える。

ウニ、何だろうと気になり、目を凝らして見る。それは光を浴びてさらに輝く。

立ち上がり、50センチの物差しを持ってくるウニ。物差しでそれを引き寄せようとする。ウニ、うんうん力んでいたが、それはやっと物差しと一緒に外に出てくる。母が父に向かって投げつけた電気スタンドのガラスの笠。その翡翠色のかけらだ。

それを見ているウニの妙な表情。

S# 127. 室内。ウニの家、台所 ― 夜

テーブルの上に置かれた写真。写真の中のデフンがソウル大学の正門前に立っている。他はソウル大学のキャンパス内で撮った写真。

父
デフン、ソウル大は本当によかったろ?
校庭が広くて素敵だ。

今日、こうしてパワーをもらってきたから、
大元外国語高校に合格して、3年後はソウル大学にも合格するんだぞ。
分かったな？　デフン。

デフン、やや気まずそうに笑う。母が写真を興味深げに見ている。スヒとウニは取り立てて関心を示さない。

　　　母
　　キャンパスが本当に素敵だわ…。

　　　父
　　今、デフンは大事な時だから、
　　家族全員、力を合わせて
　　大元外国語高校に合格できるように助けるんだ。

スヒとウニがうなずく。

　　　父
　　お前も、子どものおかずをひとつでも増やしてやれよ…。

デフン、食事を続ける。うなだれたまま。母は笑顔でうなずく。

　　　ウニ
　　私も見ていい？

デフンは答えず、写真をウニに差し出す。写真の中で、硬直した顔で笑っているデフン。背後に見えるソウル大学キャンパスの校門。ウニ、写真を見てつぶやく。

　　　ウニ
　　漢文塾の先生も
　　ここに通ってるんだ…。

デフン、ふとウニの耳の下の絆創膏を見る。その視線を感じたウニがデフンを見る。

デフンとウニ、互いを見る。ほんの一瞬。

S# 128.　室内。塾の建物の中、階段 ― 昼

階段に体をかがめて座り、ヨンジを待っているウニ。カバンの前ポケットからヨンジがくれたタバコを取り出し、においを嗅いでみる。

S# 129.　室内。漢文塾、書道室のロビー ― 昼

書道室の長い机に座っているウニ。ぼんやり椅子にもたれて座り、ヨンジを待っている。かなり時間が経ってもヨンジは来ない。ウニ、塾長室に入っていく。

S# 130.　室内。漢文塾、塾長室 ― 昼

ウニ、塾長室にノックをして入ってくる。

    ウニ
    ヨンジ先生はまだですか?

塾長はウニを見るなり、困惑した表情を浮かべる。

    塾長
    もうお帰りになったけど…。

    ウニ
    …今日の昼間に来るっておっしゃいましたよね。

塾長
11時って言ったでしょ？
もう少し早く来ればよかったのに。

ウニ
（睨みつけ）あの時、2時って言ったじゃありませんか。

ウニ、呆然自失の表情である。

ウニ
先生のポケベルの番号だけでも分かりませんか？

塾長
ポケベルも解約したみたいだけど…。
あの先生、もともとおかしいわよ。

ウニ
何が？

塾長
前からそうだった。
よく行方をくらますし…、ちょっと変な人でしょ。

沈黙。

ウニ
塾長先生がクビにしたんですか？

塾長
（呆れたように笑い）自分から辞めたのよ。

ウニ
もう本当に来ないんですか?

塾長
そうよ。今忙しいから帰ってくれる?

その言葉に、しばし何も言えないウニ。相当な敵意を持って塾長室を出ようとしたウニ、ドアの前で立ち止まる。そして塾長にもう一度近づき、冷たく言い放つ。

ウニ
時間をちゃんと教えてくれたらよかったのに。
そしたら会えたんです。
ヨンジ先生は変な人じゃありません。
何も知らないくせに勝手なこと言わないでください。

塾長、ウニの言葉に凍りついた表情である。

S# 131. 室内。ウニの家、ウニの部屋 ─ 夜

ドアの前にしゃがんでいるウニ。リビングの向こうから両親の会話が聞こえてくる。

父
まいったな、塾を追い出されるとは…。
塾長先生に逆らったから、先生もよっぽどだったんだろう…。
とんだ恥さらしだ…。

母
性格が悪いからよ。
他の子たちと違ってひねくれてる。女の子のくせに…。
だから兄さんに愛嬌のひとつも見せなくて、殴られて…。

ウニ、突然、常軌を逸したように叫び出す。

ウアアアアッ。アアアアアッ。枕を投げたり、ドアに頭をぶつけたりしながら叫び、わんわん泣きじゃくる。ウアアアア。

　　ウニ
　　悪いことなんかしてない!!
　　私は性格悪くない!　私は性格悪くない!!!
　　ひねくれてるって、そんなこと言わないでよ!!!!

ウニは部屋の中を動き回りながら、タガが外れたように叫ぶ。ウニは近所に響き渡るほど大声を張り上げ、両親が入ってくる。

　　父
　　どうしたんだ!

デフンが止めに入り、ひとこと吐き出す。

　　デフン
　　お前、殴られたいのか?　やめろ。

デフンが殴る真似をすると、ウニはかっとなって歯向かう。

　　ウニ
　　殴ったら許さない。この野郎。
　　通報することもできるけど大目に見てやってるんだ!!!!!
　　私があんたみたいに勉強してたらクラスで成績1位だった。
　　家庭教師もつけてるのに、やっと8位?　きっと大元外国語高校に…。

デフン、ウニの左頬の付け根を思いきり張り飛ばす。

ウニはその瞬間、呆然とする。かなりの衝撃を受け、言葉を失うウニ。叫び声が

止まった。家族全員、凍り付いている。

　　　父
　　　デフン、お前、この野郎。
　　　父さんの前で妹を殴るのか?
　　　一体、何のマネだ?　え?

ウニ、その場に座り込み、独り言を言う。

　　　ウニ
　　　耳がすごく痛い…。

S# 132.　室内。セソウル医院、診察室 ― 昼

医師が心配そうな顔でウニを見ている。

　　　医師
　　　どういうわけで鼓膜が破れたんだい…?

ウニは答えない。

　　　医師
　　　もしかして…、診断書が必要か?

　　　ウニ
　　　どうして?

　　　医師
　　　証拠になるから…。

ウニ、やはり答えない。

医師
もし必要なら言うんだよ。いいね?

ウニ
はい…。

医師
さあ、目を閉じてごらん。

医師はウニの耳に長い綿棒のようなものを入れる。尖っていて、見るからに痛そうである。

S# 133. 室内。ファミリー餅屋 — 昼

母の餅屋に来たウニ。従業員が全員、帰った餅屋で母が1人、店番をしている。カウンターの椅子に座り、接客している母。母は客に、にこやかに笑い、とても優しい。ウニが耳鼻咽喉科の薬の袋を持ったまま、母の前に立つ。そうして何も言わずに、店の奥に入っていく。

がらんとした店の中。椅子に腰かけるウニ。母、笑顔で店の奥に入ってくる。

母
何かあったの?

ウニ
私、鼓膜が破れたって。

母
何?

母はそれを聞いて驚き、しばらくの間、がっくり肩を落とす。

母
　　治るって？

母のあまりにも深刻な反応に、ウニはしばしためらった後、嘘をつく。

　　ウニ
　　すぐよくなるって。

　　母
　　どれくらいで？

　　ウニ
　　分からない…。2週間くらい。

　　母
　　フーッ…、よかったわね…。

外から客が入ってくる。

　　客
　　すみません、トゥトプトック、いくらですか？

母、反射的に上体を起こして客の方に行く。

　　母
　　はい、3500ウォンになります。

店の奥にウニが1人、残される。母の接客の声を聞いているウニの顔。客はもう
帰り、母は立ったままドアにもたれ、次の客が来るのを待っている。

　　ウニ
　　お母さん…。

母には、ウニの呼ぶ声が聞こえない。

ウニ
私を愛してる?

母、ウニが何かを言っていることにようやく気づく。母が店の奥に顔を突き出して聞く。

母
何て言った?

ウニ、何かを言おうとするが、口をつぐむ。そして母をじっと見る。何も言わずに。

S# 134.　室内。ウニの家、ウニの部屋 ― 夜

就寝前のウニ。兄の部屋から漏れてくる英語のテープの声を聞く。

英語のテープの声
There are many beautiful countries in the South Pacific.
Among them are Australia and New Zealand.
It takes about ten hours to get there from Korea by plane…

スヒは疲れて、いびきをかいて眠っている。目を開けて兄のテープの声を聞いているウニ。兄は途中で後について発音したりしながら勉強している。兄の声はまるで雄弁大会のように自信に満ちている。すると、急にテープが止まる。

しばしの静寂。その寂寞感。

明かりの消えた部屋。ウニ、天井を眺めている。天井の夜光ステッカーの星。今やかすかなその輝き。そして再び響き渡る英語のテープの声。力強い兄の暗唱の声。

S# 135.　室内。ウニの家、台所 ― 早朝

黙って食事をしている家族。

デフンの席が空いている。母は弁当を作るのに忙しい。

S# 136.　室外。中学校、校庭の前 ― 朝／映画では9月

合服を着て1人で登校しているウニ。遠くにユリのカバンを見つける。手垢の付いた黄色いベネトンのカバン。

ショートヘアでボーイッシュだったユリは髪を結んでいる。やっと伸びた髪を10本ものスリーピンで固定し、やっとのことで縛ったユリ。別人のようだ。ウニはやや首をかしげるが、うれしくてユリに近づいていく。

ところが、ユリの横を1人の男の子 (13歳) が一緒に歩いている。2人はどことなく仲睦まじそうな様子だ。ウニはその雰囲気に押されて立ち止まる。そして、黙って背を向けると、反対方向へ歩いていく。

道の途中まで行き、もう一度振り返る。ユリと男の子は気にも留めずに、おしゃべりしながら歩いていく。

そんな2人をずっと見ているウニ。

S# 137.　室内。中学校、教室 ― 昼

机に伏せているウニの後ろ姿。ノートに "ねえ、なんであんなことしたの…、どういうことなのか話して…" 等と落書きをしている。

S# 138. 室外。中学校の運動場 — 放課後

放課後。生徒たちがいなくなった水飲み場。ウニとユリが並んで腰かけている。長い沈黙が流れる。バスケットボールをしている生徒たちの歓声が、間欠的にかすかに聞こえてくる。その沈黙を破り、ウニが話し出す。

    ウニ
    ユリ、私を好きだって言ったじゃない。

    ユリ
    はい…。

    ウニ
    なのに、なんで男の子と付き合ってるの？

ユリ、その問いにすぐには答えられず、困惑した表情を浮かべるだけである。

    ウニ
    ユリが言ったでしょ、私を好きだって…。
    だから私もユリと仲よくしようと思って…、
    ユリが私を好きだって言うから…。

ウニは抑えてきたものを吐き出し始める。ユリ、話す言葉を選んでいる。長い沈黙がまた流れる。ユリは呆れたような表情で、ようやく答える。

    ユリ
    お姉さん、それは前の学期の話じゃありませんか。

ユリの答えに言葉を失うウニ。呆然とした顔でじっとユリを見ている。ああ…、そういうことだったのか。

ウニは激怒した表情で運動場を横切る。だだっ広い運動場。砂埃が舞う。

S# 139.　室外。ウニのマンション、団地の裏道 — 夜

夜の暗闇の中、マンションの裏道をジスクとウニが歩いている。

　　　ジスク
　　　ペ・ユリの話はもうやめよう。

　　　ウニ
　　　何？

　　　ジスク
　　　今日、うちのお母さんとお父さんが離婚届にハンコを押した。

ウニ、驚いてジスクを見る。

　　　ジスク
　　　私、どっちと暮らすか、まだ決めてない。

ウニ、ジスクの話についていけずにいる。

　　　ジスク
　　　ウニ、知ってる？
　　　ウニって、たまに自分勝手だってこと。

ウニ、その全ての言葉に驚き、その場に立ち止まる。ジスク、ウニの方を振り向き、
さり気なく言う。

　　　ジスク
　　　なんで来ないの？
　　　ねえ、そういえばその絆創膏、生理用のナプキンみたい。ハハ…。

ジスク、ウニの方に来ると、肩を組んで引っ張っていく。ウニの複雑な顔。

一緒に歩く2人の少女の後ろ姿。

1994年10月21日

S# 140. 室内。ウニの家、リビング ― 早朝

青い光が漂う早朝。ウニ、まだ眠っている。

リビングの方から父の怒鳴り声が聞こえる。

家の至る所にその怒鳴り声が染みわたる。家具、ドア、オンドルの床の隅まで。

> 父
> (V.O) スヒ、お前は昨日の夜、どこに行ってた？
> とんだ恥さらしだ…。誰といたんだ！ 黙ってるのか？

> 母
> (V.O) まあ、朝から大声出さないで…。

ウニ、聞こえてくる音がうるさいのか、布団で顔を覆ってしまう。

S# 141. 室外。学校の前、横断幕の道 ― 朝

登校するウニの後ろ姿。ウニ、ふと立ち止まる。

ビニールハウス村の横断幕がずたずたに破れている。

ビニールハウスもあちこち破損している。

" 私たちは死んでもここから…"、" 暮らしたい…"

スローガンの一部だけが残っている横断幕。ウニはぼんやり立ち止まり、その光
景を眺める。ウニの周りを生徒たちが、おしゃべりしながら通り過ぎる。

S# 142.　室内。中学校の教室 ― 朝

ウニが教室に入ってくると、生徒たちが全員、テレビの前に立ってニュースを見
ている。テレビの画面に、崩落した橋が見える。聖水大橋（ソンス）である。橋にぶら下
がっているバス。半分に切断された橋の生々しい姿と共に、アナウンサーの声
が流れる。

アナウンサー

午前7時38分頃、

聖水大橋の5番、6番橋脚の間の上部トラスが

約50メートルにわたって崩落しました。

事故が起きた所を走っていたワゴン車1台と乗用車2台は

懸垂トラスと共に漢江（ハンガン）に墜落し、

崩落した地点を通過中だった乗用車2台は水中に落下しました。

ハンソン運輸所属の16番バスは通過する途中、

後輪が崩落地点に掛かっていましたが、

車体が転覆して墜落した後、崩落した橋の天板に突き刺さって潰れたため、

登校中の生徒をはじめ、乗客が事故に遭いました。

このバスに乗っていた舞鶴女子高校（ムハク）の生徒が…。

舞鶴女子高校という名前が出ると、ウニの顔が凍りつく。

生徒たち

何なの…、あれは本当？

S# 143. 室内。廊下、公衆電話 ― 朝

長い廊下を通り、公衆電話に走っていくウニ。目に涙がにじんでいる。受話器
を取り、電話をかけるウニ。

> **ウニ**
> お父さん、ウニですけど、
> 姉さんが事故に遭ったかもしれません…。
> 姉さんの学校に電話しないと…。姉さんが…。ウウウッ…。

ウニの後ろで待っている生徒たちは、首をかしげてウニを見ている。
ウニ、話を続けられず、わんわん泣くばかりである。

S# 144. 室内。ウニの家、台所 ― 夜

夕飯の支度をしている母。父はテーブルに座り、ぐったりうなだれている。デフン
もウニも何も言わずに、顔色をうかがっている。

重い沈黙。

その時、スヒがトイレのドアを開け、台所に来る。テーブルに静かに座るスヒ、
目が腫れ上がっている。手にはティッシュが握られている。

> **父**
> バスに乗り遅れて助かった…。

> **母**
> ああ、考えたくもない…。

スヒは依然として衝撃に包まれたまま、何も言えずにいる。

父
本当によかった…。よかった…。
ああ…。なんとも運がよかった…。

チゲをテーブルに持ってきて座る母。しきりに首を横に振っている。デフンが突然、泣き出す。抑え切れずにあふれ出す泣き声。

その泣き声にスヒとウニ、ひどく驚いた表情である。家族全員、何も言えない。

S# 145. 室内。ウニの家、ウニの部屋 ― 夜

明かりの消えた部屋。スヒとウニが並んで横になっている。スヒが背中を向けたまま、つぶやく。

スヒ
私は生き残る運命だった…。

ウニ
うん？

スヒ
バスに乗ってたらニュースが流れたんだ。
聖水大橋がパンクしたって。何か小さい穴があいたって…。
その後、鴨亭中学の前で、
聖水大橋は通行禁止だから全員降りてくださいって言われた。
みんながざわざわしながら、これはどういうことかって。
みんな、ニュースを聞いたり、テレビの前に行って見たり…。
そしたら、聖水大橋が崩れたって聞いて…。
地下鉄2号線に乗ろうと思って、バスで三成洞に行った。
学校に着いたら、みんなが泣きわめいて大騒ぎになってた。
聖水大橋が崩れたって聞いて私の家に連絡したり

みんなに心配してたって言われたんだ。
友達が…、スヒは助かる運命だ、
スヒが少し早く家を出てたら大変なことになってたって…。
むしろ遅く来たのがよかった、スヒは生き残る運命だったって。
お父さんとケンカしてたから、だから遅れたんだ。
お父さんと言い争いしてなかったら、きっとあのバスに乗ってた。
私は今朝も死にたいって思った。
でも、お父さんが私の命を助けてくれたことになる。
ひとつ前のバスに乗り遅れたんだけど、そのバスが事故に遭った。
私は生き残る運命だった。

スヒは何度も、自分は生き残る運命だったと、興奮した声で話す。
うれしいのか、悲しいのか分からないスヒの表情。

スヒ、もう一度背を向け、ため息をつく。

スヒの背中を見ているウニ。スヒの腕を覆っている大きな鮮紅色の火傷の痕。
歪んでいて痛そうである。ウニ、スヒの火傷の痕にそっと手をかざす。

S# 146.　室内。ウニの家、ウニの部屋 ― 早朝

翌日、スヒはいつものように制服を着て学校に行く。寝ているふりをしながら、
スヒの登校の支度を盗み見るウニ。

スヒは部屋のドアを開けて出ていく直前、とても短いため息をつく。スヒのその
横顔。ショートボブの髪。しばし立ち止まった後、部屋のドアを開けて出ていく
スヒ。玄関ドアの開く音が聞こえ、階段からスヒの足音が遠ざかる。

S# 147. 室外。中学校の運動場 ― 昼

運動場を歩いているウニ。下校途中である。正門の前で誰かがウニを見ている。

ジワンである。

ウニとジワン、目が合う。ジワンがウニに近づいてくる。

> **ジワン**
> **ウニのお姉さん、大丈夫か？**

> **ウニ**
> **何？**

> **ジワン**
> **舞鶴女子高校のお姉さんたちが大勢、事故に遭って…、心配になって…。**

ウニ、少し驚いた表情である。

> **ウニ**
> **私の姉さんは大丈夫。**

ジワン、安堵する。ジワン、ウニの耳の下の絆創膏を見る。心が痛い。

> **ジワン**
> **痕が…、だいぶ残った？**

> **ウニ**
> **話が終わったなら、もう行く。**

ジワンがウニの行く手を素早く阻む。

ジワン
ごめん。

ウニ
何が?

沈黙。

ジワン
ただ、全部。僕が全部、悪かった。

ウニ、ジワンをまじまじと見つめる。何を話そうかと、ためらっている。長い間。

ウニ
大丈夫。

一瞬、ジワンの表情に安堵と喜びがよぎる。

ウニ
本当は私…、
あんたを好きだったことはないから。

ジワン、その言葉に呆然となる。そんなジワンを無表情で見ているウニ。ジワンの前を通り過ぎ、たくましく家に向かう。ジワン、もうウニを引き止めることもできない。ウニ、振り返らずに歩いていく。何やら怒っているように、そして勝利に酔いしれたまま。

S# 148. 室内。ウニの家、リビング ― 昼

誰もいない家。ウニ、リビングの中央に立ち、踊っている。ラジオの音楽のリズムに合わせ、体を動かすウニ。

音楽はだんだん速く、激しくなる。ウニはダンスに夢中になり、イカのように体を
くねらせる。上手に踊っていると言うよりは、痛々しい印象である。踊っている
時のウニの顔。髪の毛が顔の半分を覆っている。その時、ピンポンとベルの音
が聞こえる。

S# 149. 室内。ウニの家、玄関 ― 昼

玄関のドアを開けると、郵便配達員 (20 代後半) が小包を持って立っている。
踊っている途中で出てきたウニの浮ついた顔。

ウニ、ベランダの隅にしゃがんで小包を見る。

> *お届け先：キム・ウニ*
> *ご依頼主：キム・ヨンジ*

ウニはしばらく息を整え、小包を丁寧に剥がす。きれいに剥がすために、必死
に努力するウニ。やっとのことで全て剥がすと、中身が見える。手紙の入った紫
色の封筒、ウニがヨンジに貸した本とスケッチブックが入っている。

ウニ、手紙を開けて読む。じっくりと。

そして次にスケッチブックを開いてみる。ドローイング用の高級な白いスケッチブ
ック。ウニ、スケッチブックの紙の表面を手でそっと触ってみる。紙の感触。

S# 150. 室内。ウニの家、ウニの部屋 ― 夜

ウニ、白い紙に手紙を書く。部屋にはスタンドのオレンジ色の明かりだけがうっ
すらと灯っている。

先生、

お元気ですか?

スケッチブック、本当にありがとうございます。

後で漫画を描く時は絶対、先生のキャラクターを入れたいです。

先生はショートヘアでメガネをかけた風変わりなキャラクターとして登場します。

読者は先生のことを大好きになるでしょう。そんな予感がしてます。

寂しいと思う人がいたら、私の漫画を見て元気になってほしいです。

しばし手を止める。そして再び書き始める。

…。

先生、私の人生もいつか輝くでしょうか?

S# 151. 室内。バスの中 ─ 昼

揺れるバスの騒音。餅がぎっしり入った桃色の風呂敷。ウニ、座った席の隣に
餅を置き、どこかに向かっている。バスが揺れるたびに、餅の入った風呂敷が
倒れないように手でしっかり押さえるウニ。

S# 152. 室外。城南牡丹市場の路地 ─ 昼

市場の中を通り、人々に住所を聞いているウニ。

S# 153. 室外。一軒家の前 ─ 昼

ウニ、ある一軒家のベルを押す。中年女性 (40代後半) がドアを開けて出てくる。

　　　ウニ
　　　こんにちは。

キム・ヨンジ先生、いらっしゃいますか…。

中年女性はひどく驚き、しばらく何も言えない。

> **中年女性**
> …誰かしら？

ウニ、中年女性の反応に、何かがおかしいと気づき始める。

> **ウニ**
> ヨンジ先生の漢文塾の生徒なんですが、
> いらっしゃらなければ、この手紙だけでも渡していただけますか？
> 急に会いに来てすみません。

ウニ、かわいらしいキャラクターが描かれた便箋を差し出す。中年女性、何かを言いかけるが、言葉にできない。そうして、しばらくためらっていたが、震える声で聞く。

> **中年女性**
> ここの住所はどうして分かったの？

> **ウニ**
> 先生から小包が届いて、
> その住所を見て会いに来ました…。

> **中年女性**
> ヨンジから？

> **ウニ**
> はい…。

中年女性
　　ヨンジは何を送ったの？

　　ウニ
　　私がお貸しした本と、プレゼントをひとつくださいました。

　　中年女性
　　どんなプレゼント…？

　　ウニ
　　スケッチブックです。

中年女性は次第に息が苦しくなる。

　　中年女性
　　…小包が…、いつ届いたって？

　　ウニ
　　昨日です。

昨日という言葉を聞いた中年女性、まなざしが揺れる。しかし、妙に落ち着き払っているところがあり、言葉をつないでいく。

　　中年女性
　　ヨンジは、でも…、もういないんだけど…。

その言葉を言い終えると、急にうつむいて涙をこぼす中年女性。そのすすり泣く様子を黙って見ているウニ。

　　中年女性
　　どうして橋が落ちるの…？　そう思わない？
　　あんなに大きい橋がどうして落ちるの？

ウニ、何が起きていたのか、やっと分かる。蒼白な顔のウニ、中年女性の肩が揺れ動くのを見ている。

S# 154. 室内。ヨンジの家、リビング ― 昼

先ほどの中年女性、ヨンジの母が2階の屋根裏部屋を指し示す。

ヨンジの母の泣き腫らした目。ウニ、ヨンジの母としばらく目が合う。腰を曲げ、頭を下げて感謝を表すウニ。そして2階に、ゆっくりと上がっていく。

S# 155. 室内。ヨンジの家、ヨンジの部屋 ― 昼

ウニ、静かに部屋のドアを閉める。小さくて古いが、清潔感のある部屋。暖かい日差しが差し込む。

ウニ、街中を見物するかのように部屋をゆっくり見回す。木製のクローゼットに写真が1枚、貼ってある。ヨンジが風に吹かれて目を閉じ、笑っている写真である。背後には海辺の風景が見える。我を忘れてその写真に見入っているウニ。

ウニ、ベッドにゆっくり座る。何かひとつでも散らかしてしまいそうで、慎重に。古いベッドがキーッと音を立てる。

ぽつんと座っていたウニ、ふと指を1、2本、動かしてみる。さっと動くウニの小さくてか細い指。ウニ、指をまた1本、2本、3本と動かしてみる。ゆっくり、まるで指を初めて見るかのように。

窓の向こうからかすかに聞こえる鳥のさえずり、ピアノの音。真昼の静けさ。

S# 156. 室内。ウニの家、ウニの部屋 ─ 夜

ウニ、うずくまって寝ている。額いっぱいに冷や汗をかいている。人の気配を感じて、いきなり目を開けると、母が部屋の隅に座り、ウニをじっと見ている。

　　　ウニ
　　　何してるの…？　びっくりしたじゃない。

ウニ、母の視線を負担に感じ、横になったまま背中を向ける。そんなウニをじっくり見ている母。

　　　母
　　　何かあった？

ウニ、答えない。

　　　母
　　　キム・ジワンとか何とかいう男の子のことで悩んでるのね？
　　　だからお母さんが男の子とは友達でいなさいって言ったでしょ。
　　　好きすぎるとウニが傷つくんだから。バカね。

母の話を黙って聞いているウニの顔。

　　　ウニ
　　　お母さん、すごくお腹がすいた。

S# 157. 室内。ウニの家、台所 ─ 時間経過

ジュージューッという音を立てて母がじゃがいものチヂミを焼いている。こんがりとした焼き色がとてもおいしそうである。ウニは寝ぼけまなこでテーブルに体を半分くらい伏せて母の後ろ姿を見ている。

テーブルにはウニがヨンジに届けようとした餅が風呂敷に包まれたまま置かれている。

　　　　母
　　なんでお餅を持ち帰ったの？
　　ジスクが食べないって？

ウニ、答えない。

　　　　ウニ
　　お母さん…。

　　　　母
　　うん？

　　　　ウニ
　　お母さんは伯父さんに会いたい？

長い沈黙。母、後ろ姿を見せたまま答える。

　　　　母
　　…なんだか不思議なの。

　　　　ウニ
　　何が？

　　　　母
　　伯父さんがもういないってことが。

母、全ての行動を止めて押し黙る。しばし、そうしている。母、ガスレンジの火を消し、皿いっぱいにじゃがいものチヂミをのせて持ってくる。もくもくと湯気が上がっているじゃがいものチヂミ。

ウニ、元気を取り戻し、じゃがいものチヂミにフーフーッと息を吹きかけながら、おいしそうに食べる。

食べているウニの姿を見ている母。妙な温かさ。

S# 158. 室内。トンネル ― 夜

オレンジ色のライトに包まれたトンネルの中。車の運転席でジュンテが運転し、スヒが助手席に乗っている。後部座席にウニがやや緊張した、それでいてワクワクした表情で窓の外の風景を見ている。トンネル内のライト。車の動き。車は速いスピードでトンネルを通過する。

聖水大橋と書かれた表示板。

S# 159. 室外。崩落した聖水大橋前の道路 ― 夜

崩落した橋を眺めている3人。

川の水は限りなく濃い黒色である。何も見えない。

3人は吹き寄せる風の中で、崩落した橋を黙って見ている。
後ろを車が通り過ぎる。夜は寒くて風が激しい。ウニの頬が赤い。

ウニ、目を閉じて祈る。スヒは橋を見るのに夢中で、ウニがしていることを気にかけない。目を開けずに祈り続けるウニ。

沈黙。神が訪れる静かな瞬間。通り過ぎる車の音。風の音。

すると突然、わんわん泣き出すウニ。獣のように、声を張り上げて泣く。その泣き声にスヒとジュンテが驚き、スヒもつられて、しくしく泣く。

そんなスヒをジュンテが慰める。川の水を見ながら、号泣する姉妹とジュンテ。

暗闇の中で川の水が流れ続ける。都会の明かりが反射した川。

S# 160. 室内。ウニの家、ウニの部屋 ― 深夜

明かりの消えた暗い夜。並んで横になっている姉妹。うっすら光る夜光ステッカーの星。

ウニ
姉さん、夜光ステッカーの星が全部、死んじゃった。

スヒ
新しいのを貼ろう。

ウニ、答えず、スヒの背中にぴったりくっ付いて寝る。

S# 161. 室内。ウニの家、台所 ― 朝

修学旅行に行くウニのために母がキンパを作っている。いろとりどりのキンパの具材がおいしそうに並んでいる。巻き終えたキンパにごま油を塗り、熱い保温ボトルに味噌汁をこぼさないように入れる母の手。母は出来上がった弁当をウニに持たせる。

ウニ
ありがとう。

母は慌ただしく後片づけをしながら答える。

母
うん…。

家族がテーブルを囲んで朝ご飯を食べている。

父
スヒ、早く食べて行きなさい。
ウニは慶州（キョンジュ）に着いたら電話して。

眠そうな目をしたスヒが残りのキンパを食べる。兄は食べながら、しばしば壁時計をのぞく。全員、黙って食事をしている。テーブルの端に置かれた味噌チゲからもくもくと湯気が立ち上り、窓から朝の日差しが降り注ぐ。

S# 162. 室内。ウニのマンション、エレベーター ― 朝

エレベーターを待っているウニ。デフンが制服にスリッパを履いた格好で歩いてくる。ウニ、怪訝そうに見る。デフン、ぎこちなく立ち、ウニに1万ウォン札を差し出す。

デフン
後で小遣いに使え。
変な記念品なんか買うなよ。

ウニ、デフンがくれた小遣いに驚き、にっこり笑う。デフン、ウニの返事も聞かずに家に戻っていく。そんなデフンの後ろ姿を黙って見ているウニ。そして、しわくちゃの1万ウォン札を見る。

S# 163. 室外。中学校の運動場 ― 朝

運動場に集まっている生徒たち。

停車している高速バスの前でベートーベンが生徒たちを引率している。

運動場に立ち、その様子を眺めているウニ。

その顔からフラッシュバック：
ヨンジの手紙を読んでいるウニ。
紫色の便箋に、はっきりと書かれたヨンジの文章。

　　　ヨンジ
　　　(V.O) 正しい生き方って何だろう。
　　　ある日は分かるような気もするけど、本当に分からない。

再び現在：
にぎやかな生徒たち。修学旅行の日の浮き浮きした気持ちでいっぱいである。

　　　ベートーベン
　　　出席を取る。ク・セミ！　キム・ヘリョン！

ベートーベンが名前を呼ぶたびに、「はい」と返事をする生徒たち。

　　　ベートーベン
　　　キム・ウニ！

　　　ウニ
　　　はい。

　　　ヨンジ
　　　(V.O) ただ、悪いことに見舞われても、うれしいことが一緒にあるということ。
　　　私たちはいつも誰かと出会い、何かを分かち合うということ。

　　　ベートーベン
　　　さあ、全員いるだろ？

生徒たちは「はい」と答え、散らばってバスに乗り込む。ウニの横を生徒たち
が1人、2人と通り過ぎていく。生徒たちのおしゃべりの声が消えるまで、ウニ
は考えに浸っている。

　　　ヨンジ
　　　(V.O) 世界は不思議で美しい。
　　　塾を辞めてごめん。冬休みが終わったら連絡するね。
　　　その時会ったら、全部話してあげるね。

ウニは独り言のようにつぶやく。かすかな笑みを浮かべて。

　　　ウニ
　　　はい、全員います。

　　　　　　　　　　　　　　　　　　　　　　　　　　　　　　　　暗転。

House of Hummingbird

あの頃の
ウニたちへ

チェ・ウニョン

いまでも夢を見ると学校が出てくる。制服を着ていた中学、高校時代の学校の風景だ。わたしは長くて暗い廊下に立ち、なにかを恐れている。精神的に不安定な時、もっと正確に言えば悲しくて怒りを感じた時に学校の夢を見るように思う。

　ウニとわたしはほぼ同じ時期に中学校に通った。わたしはウニの視点で中学生時代を思い出し、映画を観ている間、目を閉じてしまいたくなるほど、避けたい記憶とも向き合った。ウニが親友と建物の手すりの前に立ち、お互い、兄に殴られた経験をさり気なく語り合う時、わたしに笑顔でそんな話をしてくれた友だちの顔が浮かんだりもした。当時はとても親しい友だちだったが、いまは消息さえ知らない友だちの顔が。

　わたしの言葉遣いが「不遜だ」という理由で男性教師に殴られて気絶した時、好きな友だちに急に冷たくされた時、酒を飲んで帰ってきた父がなんの罪もないわたしに怒りをぶつけた時、教室の窓際に座り、わたしはこれからも一生、愛されることはないだろうという予感がした時に感じた少女の頃の苦しみは、大人になってからのわたしの苦しみに比べ、決して些細なものではなく、むしろ、より鮮烈だった。

　大人になったわたしはいまならわかる。苦しみは、波のように心に

押し寄せては引いていくのを繰り返す。絶え間なく心に入り込み、傷痕を残して去っていくように見えても戻ってくるのだ。わたしの間違いが原因の場合もあるが、間違っていないのに、努力したのに、頑張ろうとしたのに受け入れなければならない傷がある。大人になったわたしは、傷つきながらもわたしがわたしのままで生きていけることを知っている。わたしにはそれなりの力があり、わたしの力だけでは乗り切れないことがあれば、専門家の助けを借りることもでき、勇気を出して声を上げれば、誰かしらわたしを助けてくれるだろうと信じてもいる。しかし、ウニの年頃だったわたしは、そうは思わなかった。傷はずっと癒えない気がしたし、自分は誰かと張り合えないほど弱い人間だと思えたし、わたしに対する人々の反応が、すなわちわたし自身の価値だと思い込み、小さなことにも傷つきやすかった。それは些細なことではなかった。

　兄に殴られる時、どんな気持ちかと言うヨンジ先生の問いかけにウニは答える。「ただ…、早く終わってほしい、そう思って待ちます。逆らうと、もっと殴るから」。ウニなら兄に立ち向かえたのではないだろうか。積極的に自分を守ったのではないだろうか。しかし、どんなに努力しても無駄だと知ったウニに許された選択は、黙って殴られ、その時間が過ぎるのを待つことだけだ。勇気を出して両親に、兄に殴られたと話しても、両親は兄を叱るどころか、「ケンカするな」と言うだけで、一方的な暴力を些細ないざこざ程度の問題に縮小してしまう。ウニには味方になって、暴力を振るう兄を止めてくれる大人がいない。そんなウニが自分自身を愛するのは、どれほど大変なことだろうか。

　「Love yourself／あなた自身を愛せよ」ということばが氾濫している世の中だが、自分への接し方はたいていの場合、周りの人たちや世

の中が見せてくれた自分への接し方と似るものだ。

「すごく痛かった?」「どれほど悔しくてつらかったの?」と言って、ウニの話を聞いてくれる大人がいたならば、ウニも自分は尊重されるべき人なのだということを自然と知ることができただろう。しかし、ウニの声は誰にも届かない。声を消された人、共感してもらえない人が自分を尊重し、さらには愛することなどできるだろうか。それとも、自分は軽々しく扱われても仕方がないと諦めるようになるだろうか。

　大人たちはウニに言う。「従順になれ」「不良になるな」と。男の子に「従順さ」という価値が、女の子ほど要求されるのをわたしは見たことがない。「アイスケーキ【スカートめくり】」という名前で、「ブラジャーティンギギ【ブラジャーの紐外し】」という名前で女の子をいじめる男の子に施された数々の「寛容」を思い出すだけだ。「男の子ならそうだろう」「男の子はもともとそういうものだ」「全部いたずらだ」と。大人は男の子の非常に積極的なレベルの加虐心を容認しておきながら、女の子が自分の意見を正々堂々と表現しただけでも「性格がおかしい子」と決めつけたりした。

　ウニやわたしが要求された従順さは、受動性だったように思う。誰かに殴られても、不当に扱われても、歯向かったり争ったりせず、ただ堪えて静めて、自分の感情や考えを激しく表現してはいけないというメッセージが、「従順さ」という規律として女の子に強要された。「本当にかわいい」「とてもいい子だ」。女の子に向けられたそのような褒めことばは、結局のところ、女の子を受動的な対象へ閉じ込めてしまうと思う。「自分の意見をちゃんと表現できるんだね」「不当なことに立ち向

かって闘う勇気があるんだな」「自分の感情に正直でいい」と褒められた女の子がどれくらいいるだろうか。わたしたちが子どもの頃から、「かわいい」「いい子だ」のようなことばの代わりに、わたしたち自身をありのまま受け入れてもらう経験をして、わたしたちの個性をありのまま認めてもらえていたならば、大人になってからの人生はどれほど変わっていただろうか。

わたしはヨンジ先生がウニを見つめて低い声でゆっくり話すシーンで、どういうわけか、涙が出た。ありのままのわたしを受け止め、わたしと向き合ってくれる人のまなざしを、幼いわたしがどれほど求めていたか、気づかされた。「どうかわたしを見て」。ウニの年齢だった頃のわたしは切実な思いで心のなかで言っていた。「どうかわたしに関心を向けて」。わたしはかわいくもなければ特別でもなかった。度数の強いメガネをかけ、やがて背が高くなった時に備えて、だぶだぶの大きな制服を着て通っていたわたし。ポケットに手を入れ、いつも下を向いて歩いていたわたしに関心を向けてくれる人はいなかった。大人たちはいつも忙しかったし、わたしは同年代の生徒たちからも取り立てて人気がなかった。

たまに発作のように怒り出したり、一気に涙を流したりすると、「あの子はなんであんな性格なんだろう」「これからまともな社会生活ができるのだろうか」という大人たちの心配の声と忠告が聞こえるだけだった。堪えに堪えていた感情が、わたしの限界を超えてそんなふうにあふれ出たあとは、いつものように自己嫌悪に陥った。「誰にも受け止めてもらえない感情」は、いつも醜いと思えたから。そんな時、ヨンジ先生のような誰かがわたしに寄り添い、ウニを見つめるようにわたしをほ

んの少しだけでも見つめてくれたなら、わたしの名前をそんなふうに優しく呼んでくれたなら、わたしはその人を永遠に忘れなかっただろう。

　苦しみは、いつ苦しみになるのか。誰かの視線によって、共感によって、苦しみは苦しみになるのだ。一方的に暴力を受けたにもかかわらず、「ケンカするな」ということばを聞かされた時、ウニの苦しみは苦しみでなく、幼い子どもが分別なく駄々をこねていることになってしまう。「ケンカするな」ということばには、「兄なら妹を殴っていい」ことを認め、「女の子は男に殴られても我慢するべきだ」という呪文が隠れている。このような社会で育った多くの女性は、自身が感じる苦しみは本当に苦しみなのかと、その真偽を疑う。痛くても、自分は本当に痛いのかを検閲し、明らかに不当なことをされても自分が「敏感だから」なのではないかと、確認に確認を重ねる。女性の苦しみが「苦しみ」と言語化されない状況で、苦しめられたという事実を、自身で理解することさえ難しい場合がどれほど多いことか。

　ヨンジ先生のまなざしを通して、ウニの苦しみは「苦しみ」として初めて理解される。「ウニ。これからは殴られないで」。これまでウニにそんなことばをかけてくれる人はいなかった。殴られるなという、その単純なひとことが、なぜこれほど心を打つのだろうか。「殴られるな」ということばは、「お前は殴られてもいい」という無神経で残忍な大人の世界を振り返らせる。また、そのことばは、ウニの年齢の頃を経験した女性だからこそ言えるものでもある。「誰かに殴られたら、何が何でも立ち向かうのよ」。わたしはウニにそう話すヨンジ先生の表情を見て、声を聞いて、そのことばがヨンジ先生自身の決意でもあると感じた。ウニにとっては限りなく大きく見えるヨンジ先生だが、彼女もまだ20代の

若い女性である。

　ウニの母、姉、親友…。映画『はちどり』に登場する女性は、わた
しが大人になるなかで出会った「平凡な女性たち」の姿に似ている。
兄や弟の進学のために学業を諦め、幼い頃から働かなければならなか
った女性たち、夫と同じように経済活動をしながらも、家事労働と育児
はすべて自身の役割として消化しなければならない女性たち、男性の
家族構成員に虐待されて生きていく女性たち、「わたしは得意なもの
がひとつもない」と囁き、自身の価値に懐疑的な女性たち、笑顔を失
い、最も身近な人に共感することさえできないほど人生に疲れた女性
たち。このような社会を生きる女性たちが自分を好きになれるだろうか。
ミソジニー（misogyny）の世界を生きる女性に「あなた自身を愛せよ」
ということばは、あまりに重く、難題として、のしかかる。

　「自分が嫌になったことはありますか？」というウニの質問に、ヨンジ
先生は「何度も。本当に何度も」と答える。「あんなにいい大学に通
ってるのに？」と、もう一度聞くウニにヨンジ先生はこう答える。「自分
を好きになるには時間がかかると思う。私は自分が嫌になる時、心を
のぞいてみるの。こんな心があるんだな。だから私は今、自分を愛せ
ないんだなって」。

　ヨンジ先生から、「自分が嫌になった時が何度もあった」と聞いた
瞬間、ウニは心から共感を覚えた。人は自分を嫌になることもあり、そ
れは断罪したり嫌悪したりすることではないのだと。それはただ自然な
気持ちに過ぎないのだと。そして、それでもいいのだと。「心からの共
感」は人を自由にさせる。問い詰めることもなく、判断したりせず、一

緒に感じてくれることで、苦しんでいる人をひとりで抱えていた恐怖から解き放ってくれる。心は断罪の対象ではない。たとえ陰があり、痛む心でも、その心を迫害する必要も否定する必要もない。自分を愛せないのに無理に愛そうと頑張らなくてもいい。それでもいい。

　ウニの年齢の頃を生きていたわたしは、こんなことばを聞いた。真面目に生きろ、いい大学に行け、大人の言うことをよく聞け、身なりをきちんとしろ、身持ちを正しくしろ…。不安と恐怖の上に両足をつけて立っていたわたしの人生は、いつもいまではなく未来にあった。「いま」は未来に投資するための資源であり、現在の苦しみは否定されたり、些細なこととして扱われたりした。「カラオケの代わりにソウル大に行く」という劇中の担任のセリフを嘲笑えなかったのは、わたしにとってもウニの年齢の頃は非人間性を強要された時期だったからだ。また、恋愛して、笑って、騒いで、歌うといった人間らしいすべての行動がむしろ非難されなければならなかった頃や、人間としてのわたしの感情と欲求に忠実であることが断罪されていた頃を思い出したからだ。

「つらくて落ち込んだ時は指を見て。そして1本1本、動かす…。
そうすると、本当に神秘を感じるの。
何もできない気がしても指は動かせる…」

　彼女はウニに、つらい時はその状況に立ち向かって前向きに生きろと生半可な忠告はしない。自身にもつらくて落ち込んだ時があり、なにもできない気がする時があると告白するだけである。映画では具体的に描写されていないが、ヨンジ先生も深く傷ついたことがある人だということを、わたしは彼女の話を聞き、表情を見て理解できた。では、

ヨンジ先生が深く傷ついた人だからウニの傷を見抜けたのだろうか。わたしは深く傷ついた人だけが傷を理解し、癒せるとは言いたくない。人間とは不思議な存在で、同じ傷を負った人が、逆に他人の傷に無神経だったり、より残忍になり得たりするものだから。

　韓国社会には傷を美化する文化がある。傷ついた人が、傷を「克服」し、強くなっていくストーリーが歓迎される。しかし、本当にそうだろうか。傷は常に人にとっていいものだろうか。人として生きていくなかで負わざるを得ない傷はあるだろうが、負わなくてもいい傷は避けるに越したことはない。傷を美化する文化は、常に加害者にある程度の正当性を与えているように思う。「僕は君を愛してるから、そうしたんだ」と。本当にそうだろうか。人間は、傷ではなく、愛によってのみ成長する。

　愛は、傷が傷のままでいることを許さず、人を傷のなかに閉じ込めて自分自身や他人に無神経になることを許さない。ウニはむやみに優遇されて成長したのではなく、ヨンジ先生との出会いを経て愛され、成長できた。

　ヨンジ先生に送った手紙にウニはこう綴っている。「寂しいと思う人がいたら、わたしの漫画を見て元気になってほしいです。先生、わたしの人生もいつか輝くでしょうか?」。わたしも幼い頃、ウニと同じことを考えていた。寂しい人たちがわたしの小説を読み、少しでも寂しさを紛らわせてほしいと。先日読んだエリザベス・ストラウトの『わたしの名前はルーシー・バートン』という小説で、幼いルーシーもこう誓う。自分はこれから本を書くつもりであり、その本を読む人たちが少しでも寂しさを紛らわせてほしいと。わたしとルーシーは、なぜそう思ったの

だろうか。いずれも幼くて寂しい女の子だったわたしたちは、なぜフィクションの世界をつくり、面識のない寂しい人たちの心に届けたいと思ったのだろうか。

　ヨンジ先生もウニの寂しさが少しでも紛れることを願う気持ちでウニと向き合ったのだろう。ヨンジ先生はまなざしで、一緒にいてくれる時間で、自分の心を開くことでウニに寄り添ってくれた。その光を浴びたウニも、慰められたいと思っていた人が誰かを慰めるように、寂しいと思っていた人が寂しい人の心に寄り添いたいと願うように、ヨンジ先生のような人になりたいと思ったのかもしれない。

　わたしはいつも、小説を書くことは深い追悼の過程だと思っていた。消せないままの悲しみをもう一度深く感じ、消化することだと。そして、その思いが小説を読んでくれる人の心の記憶をたぐり寄せ、なんらかの追悼を可能にするかもしれないと期待した。『はちどり』はわたしにとって、そんな映画だった。崩落した聖水大橋を訪れ、その光景を目に焼きつけているウニを見た時、ウニと同時代を生きたあの頃のわたしたちが、自分たちの時間を追悼できる映画にようやく出会えたと思った。大勢のウニたちにとって『はちどり』は決して忘れられない追悼の記憶になることだろう。

チェ・ウニョン
1984年、京畿道光明市生まれ。高麗大学国文科で学んだ。2013年『作家世界』新人賞に中編小説が当選し、作品活動を始めた。小説集『ショウコの微笑』（クオン）、『わたしに無害なひと』（亜紀書房）がある。ホ・ギュン文学作家賞、キム・ジュンソン文学賞、イ・ヘジョ小説文学賞、韓国日報文学賞、第5回、第8回若い作家賞を受賞した。

House of Hummingbird

ヨンジ、
わたしたちが失ってしまった顔

ナム・ダウン

『はちどり』の後半には多少、疑問に思うくだりがふたつある。ひとつは、漢文塾の先生であるヨンジから届いた小包をウニが開ける場面だ。スケッチブックが入った段ボール箱にはウニに宛てたヨンジの手紙が同封されているが、どういうわけか、映画では手紙に書かれている内容をその時点で公開しない。代わりに、すぐあとの場面でウニはヨンジに送る返事を書いており、その内容がウニのナレーションで流れる。ウニになにも知らせないまま漢文塾を辞めたヨンジは、手紙にどんなことを書いたのだろうか。もうひとつは、ウニがヨンジへの手紙を持ってヨンジの家を自ら訪ねていく場面だ。黒い服を着たヨンジの母が門を開けて出てきて、ウニとヨンジの関係を妙に詳しく尋ねると、やがて涙を浮かべて嘆く。「あの大きい橋があんなふうに落ちるなんて、誰が想像できたの？」。ヨンジは聖水大橋の崩落で命を失ったのだ。しかし、よりによってなぜ、劇中の他の人物が免れたあの事故をヨンジは避けられなかったのだろうか。

　このふたつのくだりに関連し、わたしたちがあとになって知ることになる事実は、こうである。ヨンジの小包がウニの手元に届いたのは彼女がすでに世を去ったあとで、したがってウニの返事は永遠にヨンジに届くことはない。ヨンジが書いた手紙の内容は、彼女の死が知らさ

れたあと、エンディングで修学旅行に行くウニの現在に、声で挿入される。肉体は死んでも声は生きている。思いもよらぬ事件で命を失った存在から、人生の豊かさを語る音声が流れる。それはただ単にヨンジとウニに降りかかった不運や胸の痛むすれ違いとは思えず、映画の後半を動かす意識的な設定（なぜヨンジは聖水大橋の崩落という巨大な事件で死ななければならないのか）と選択（なぜヨンジの手紙の声を映画の最後まで伏せておいたのか）に考えが及ぶ。その考えは、キム・ヨンジという人物が、映画の前半に呼び起こした想念や疑問とも結びつく。ウニの世界に最も大きな影響を与えるヨンジは、他の人物に比べ、ふわりと漂うように存在し、突然とも言える形で映画から退場する。

　もちろん、ヨンジの死自体が、あるいはこの世界で、死という事件が起きるということ自体が衝撃的とは言い難い。『はちどり』には死の影が蔓延しており、死への衝動がまだらになって随所に散りばめられている。それは、ウニの伯父の突然で短い訪問と死の知らせだけを指しているのではない。親戚の死と同じくらい、いや、もしかすると、それ以上におぞましく、死ということばが浮遊する場面もある。ある日、ウニの親友のジスクが兄に殴られ、その傷を隠すためにマスクをして現れる。ジスクはウニに何気なく聞く。「ウニの兄さんはいつもどうやって殴るの？」。ウニはひどく恐ろしいこの問いの答えとして、兄に復讐する最適な方法について、自身が密かに想像したことを打ち明ける。要旨はこうである。「兄の暴力に苦しんで死ぬと遺書を書いて自殺する。兄が罪悪感に浸る姿を見るためには、すぐにあの世に行ってはだめで、一日くらいは幽霊になって家族の反応を見守らないといけない。そんなことを想像するだけでもすっきりする」。日常的な暴力に対するふたりの少女の惰性と諦め、にもかかわらず、隠し切れない怒りが凝縮された

　　　　　　　　　　ヨンジ、わたしたちが失ってしまった顔

この瞬間は、『はちどり』全体を通して最も恐ろしい場面と言えるだろう。

　ウニが耳の下にできたしこりの治療で数回、ひとりで病院に通い、唾液腺腫瘍との診断を受けて手術のために入院する場面も、同じような脈絡で解釈できる。ウニは両親に看病されることもなく、その過程をひとりで経験するが、病室に入院している他の患者に交じって、いつになく気持ちが安定しているように見受けられ、自身の口からも、家にいる時よりいまのほうが落ち着けると言っている。ウニにとって死、あるいは病に対する恐怖は、単なる恐怖だけでなく、内面の平穏さを伴うもののように思える。普段、家族に君臨している父もウニの病を聞いて泣き出すが、ウニはひと粒も涙をこぼさず、そんな父をぽかんと見ているだけである。

　なによりもウニが慕っているヨンジの存在感は死の気配と密接である。映画ではヨンジの個人史を直接的に細かく明かしていないため、彼女はいくらか謎めいた人物のように感じられる。そんな意味でわたしたちは彼女が誰なのか、明確にわからないながらも、一方では容易に把握できる。この矛盾したことが、なぜありえるのか。キム・ヨンジについて、わたしたちに推測できることがある。彼女は名門大学（ウニの口から、ソウル大学だという事実が言及される）の学生であるが、長期にわたって休学しており、いまはしばらく漢文塾でアルバイトをしている。学生運動を経験し、おそらく一時期、工場に偽装就職した経験もあり、そしてフェミニズム的な覚醒が、後のヨンジを形成したのだろう。彼女の書斎にあった本のタイトル、彼女が歌う歌、ウニに伝える彼女の考えが、このような事実を比較的明確に物語っている。ヨンジは1994年の中学2年生の目には急進的で珍しい存在に映ったかもしれないが、2019年

の観客であるわたしたちにとっては、韓国社会の歴史のなかでひとつの範疇にくくることができる人物として理解される。また、彼女に与えられた人生、そこから生まれる価値観や姿勢のようなものは、ひとつの典型的なものとしても読み解ける。

　しかし、ヨンジという人物が興味深いのは、そんな範疇や典型の枠に収まらないところがあるからだ。それらはたいてい、曖昧模糊とした状態で通り過ぎてしまい、そのため、ウニの周囲の人物が生きる日常的な時間とは「違う時間」の溝を『はちどり』のあちこちに掘る。一連の場面を通してわたしたちは、キム・ヨンジには癒えないまま依然として深まっていく、ある種の傷が内在していることを推測できる。彼女がウニに、最後まで暴力に立ち向かって闘えと助言した時、病院に来ると落ち着くと言った時、自分を軽蔑してきた経験を告白した時、なんの前触れもなく突然、漢文塾の仕事を辞めて去った時、彼女は生きることの活気より、悲しみと憂鬱と痛みに馴染みがあるように感じられた。映画はその感情の根源については明かさず、ただヨンジの顔に近づき、語られることのない傷の時間をじっと見つめている。

　ヨンジとウニが一緒にいる場面で、映画はひときわ人物の顔のクローズアップに力を入れているが、そんな場面では、ウニの方を向くヨンジの顔でカットになることが多い。ウニの前にあるヨンジの顔。その顔を見つめることで、ストーリー上の意味を持たせることは、さほど難しくないだろう。それはウニが生きる世界の構造、たとえば家族と学校と国家制度の暴力性を喚起する、時代的な兆候としての顔なのだと。しかし、そのように意味を持たせても、その顔からわたしたちが感知する微細な揺らぎまでは、完全には解明できない。その揺らぎはヨンジを

　ヨンジ、わたしたちが失ってしまった顔

取り巻く状況や彼女が語るセリフだけでは説明されないのだ。解消できなかった時間と事情が、依然として敏感にうごめいているような顔。ヨンジはウニを見つめているが、ウニの目の向こうにあるヨンジにしか見えない世界、その深淵と向き合っているように思える。俳優、キム・セビョクの独特の演技によってもたらされた場面だろうが、ウニとヨンジが一緒にいる場面がヨンジの顔で止まって終わる時、『はちどり』という世界は、最後まで謎を残したこの顔から始まったのではないか、あるいは、謎を解き明かそうと必死になることで、『はちどり』の世界は自らを支えているのではないかと思う。[1]

　だからこそ聞かずにはいられない。ヨンジはなぜ死ななければならないのか。暗闇をありのまま受け入れた彼女の顔が、生と死の狭間で危なっかしく揺れているという印象を受けなかったわけではない。ウニがヨンジの家を訪ねた日、ヨンジの母が登場するなり、ヨンジが自ら命を絶ったのかもしれないと不吉な予感にとらわれた観客はわたしだけではないだろう。ウニの口から出た死という言葉は、ウニが置かれた不条理な環境の問題と直結するものだったが、ヨンジの顔を時折よぎる死の影は、ヨンジが過去に経験した問題や、いま抱えている現実の問題を超越するもののように見えた。

　映画『はちどり』を鑑賞している間、その死の影がいつかヨンジに襲い掛かるだろうという、おぞましい考えは正直なところ、払拭しがたかった。しかしヨンジの母を通して、ヨンジの死が自殺ではなく、聖水大橋崩落によるものだという事実を知った瞬間の戸惑いは思いのほか大きかった。なぜウニの姉には許された命の偶然が、ヨンジには与えられなかったのだろうか。映画はなぜヨンジの死を語るために実在の

事件を借りなければならなかったのだろうか。ヨンジがよりによって聖水大橋崩落の犠牲者だという、ストーリー的に多少作為的とも言える設定を甘受してまで映画が伝えたいと望んだものは何だろうか。

　映画が初めて字幕を通じて「1994年10月21日」と特定した日、ウニの世界には取り返しのつかない3つの事件が起きる。ウニが登校する道中に常時、通った貧民街が撤去され、聖水大橋が崩落し、キム・ヨンジが死ぬ。象徴的な3つの事件を織り交ぜながら、映画はその日を起点に、世界がもはや以前と同じではありえないという事実を強調する。たとえば政治の時代が終わり、新自由主義時代の本格的な始まりを告げた日、資本に蚕食された世界の欲望とその欲望の代価が、同時に露骨なまでに浮き彫りになった日だという意味を「1994年10月21日」に付与しようとする映画の意志が、キム・ヨンジの死と聖水大橋の崩落を結びつけたという推測も可能だ。

　そのような社会的な次元でないとすれば、徹底してウニの物語のなかで考えることもできる。成長のためには既存の世界から断絶される経験と、その経験がもたらす衝撃が必要だが、ウニの繰り返される日常ではそれが不可能に思え、ウニにそれと同じくらいの衝撃を与え得る事件はヨンジの死以外にない。だが、ヨンジがどこかに消えてしまったり、自殺を選択したりするならば、彼女の自発的な消滅をウニが受け入れる道はあるはずもなく、ウニにとってヨンジは、永遠に理解不能なトラウマとして残ることになるだろう。したがって、ヨンジがウニの世界から退場するしかないとすれば、ウニには、彼女が消えたことを追悼する可能性が残されるべきである。そのためには死の原因へ表面的に接近する必要があり、そのような脈絡から映画が下した決断は、原

因をヨンジのつかみどころのない内面ではなく、ずさんな国家システム
に負わせることだった。ウニが朝方、崩落した聖水大橋を眺めて涙を
流すのは、ヨンジと共に過ごした時間とヨンジに代弁される世界への
追悼の行為である。結末に至り、「世界は不思議で美しい」ということ
ばと共に、ウニの現在に遅れて届いたヨンジの声は、それが失敗では
なく、ウニの世界がわずかながらも変化していることを見せようとする映
画の望みを投影している。

　ヨンジの死を説明するためのこのような論理が、多分に人為的で規
定的で危うく見えるのは承知している。とはいえ、ヨンジを聖水大橋の
崩落という社会的な事件で退場させるストーリー上の選択の不可避性
を完全に解明できることばが見つからないいま、これ以上のことを推
論したり、より良い論理を構築したりするのは難しそうだ。この問題を
解くことに失敗したため、本文は致し方なく未完成だという点も認めざ
るを得ない。ただし、映画のこのような決断によってヨンジという人物
が、ついには時代のスケープゴート、社会的な矛盾の体現者として還
元されるという点、映画が韓国社会という荷物をこの個人にのみ過度
に背負わせ、彼女が後に「象徴」と「抽象」として解釈される危険性
もあるという点くらいは言及しておきたい。そうして、彼女が憂鬱にな
る度に見るという、神秘的な手や人生の美しさを伝える彼女の声よりも、
注意深く人生の暗闇と光に即座に反応し、耐え忍んでいた顔の力、す
なわち、ひとつの世界のかけがえのない表情さえも無力のまま立ち消
えてしまう印象があることもつけ加えたいと思う。映画の結末に流れた
ヨンジの音声は、こう結んでいる。「その時会ったら、全部話してあげ
るね」。わたしたちはどんな顔と、どんな物語を聞く機会を失ったのか、
いや、奪われたのだろうか。

1　このような問いは、もうひとりの大人の女性、ウニの母が登場するシーンでも浮かんでく
　る。母はいずれも日常の疲労にあえいでいるが、ただ一度だけ家族や労働から分離
　された場面がある。病院から帰る途中、遠くに立っている母を見つけたウニが、必死
　に呼ぶが、不思議なことに母には聞こえない。体調が万全でない娘が繰り返し呼ぶ
　声にも振り返らず、うつろな目でどこかを歩き回る母の後ろ姿。ウニは、母が母だけの
　世界に入り込んでしまったように思え、自分が知っていた母ではなく、見知らぬ女性に
　なってしまった彼女の行動を不安げなまなざしで見守る。母がそこでなにをしていたの
　か、映画もウニも問わず、次のシーンで母はすぐに「労働に疲れた母」に戻っている。
　この映画でウニの母とヨンジは、人生も世代も異なるが、ウニの母のあの奇妙な後ろ
　姿とヨンジの顔の間には、なんらかのつながりがあるように思う。この映画のひとつの
　軸にヨンジの顔があるとすれば、もうひとつの軸にはウニの母の後ろ姿があるとも言い
　添えておきたい。

ナム・ダウン
映画評論家。1978年生まれ。延世大学人文学部と同大学院比較文学協同課程、修士課
程を修了した。2004年『シネ21』映画評論賞で文壇デビューし、現在は隔月刊映画批
評誌『FILO』レギュラー執筆者である。著書に批評集『感情と欲望の時間：映画を生きる』
（日本未翻訳）がある。

House of Hummingbird

崩壊する夢のなかで誰かと出会い、
別れるということ

キム・ウォニョン

　　　　　すべての場面がなぜ記憶のなかの挿絵のように展開するのだろうか。映画は中学生、ウニの視点で1994年当時の時間と空間を写実的に描写している一方、当時のウニを現在の視点で回想しているようにも見える。どんなに呼んでもウニの声が聞こえないまま、どこかを見つめている母の姿、ヨンジが病室のベッドで眠っているウニに会いに来て頭を撫でる瞬間は、写実的な描写と時間の順を追った展開にもかかわらず、この物語が未来からの視点で再構成した過去なのではないかと思わせる。『はちどり』は、大人になった（未来の）ウニが1994年のウニを夢見る（会いに行く）ひとつの方法なのではないだろうか。

夢に関する映画

『はちどり』をある種の夢に関する映画だと思ってみよう。社会には、さまざまな「階層の夢」が共存している。社会学者、キム・ホンジュンの分類を借りるならば、国家が公式的に生産する（中国夢やアメリカンドリームのような）公夢、特定の場（field）や組織で生成する共夢、家族を中心に繰り返し生産される私夢がそれである。[1]　映画の背景となる1994年の韓国社会は、言うなれば3種類の夢が分離せず、ひとつになっていた時期であり、同時にそれらの夢の共謀が崩れた時でもある。

戦争以降の数十年間、韓国社会は、生存すること、食べるのに困らないこと、広い家に住むことを夢に掲げ、国家と社会、家族全員が総力戦を繰り広げた。高度成長を経て、その夢の一部は劇的に実現されることもあった。ソウルの江南(カンナム)は、まさにこの夢が辿り着いた最終地点だった。人口の増加に直面したソウル市は1970年代から本格的に江南を開発し、主要な公共機関や高速ターミナル等、核心となる社会インフラを漢江(ハンガン)の南に移転した。特に市民の移住を効果的に促進するために、江北(カンブク)地域の伝統名門高校の移転を計画した。高校平準化政策が始まって以来、居住地によって入学する学校が決まったため、生徒の保護者の教育熱を利用する戦略だった。[2]　京畿(キョンギ)高校やソウル高校等が江南に移転し、多数の保護者が子どもの高学歴を夢見て漢江を渡った（かの有名な「江南8学群」はそうして誕生する）。「漢江の奇跡」という国家の夢は、すなわち学歴と学閥による階級の上昇の最前線として学校が掲げた夢であり、すべての家庭の夢だった。ソウルの江南はその夢想の終着点だった。『はちどり』は、この夢想の世界を生きるウニの愛と挫折の瞬間を呼び起こす。

憂鬱と不安、意味のある他者

ウニの学校の先生は、数え年15歳の生徒の前で「お前たちは一日一日、死に近づいている」と虚勢を張って脅しては、いま、この瞬間、勉強しなければ（名門大学に行けずに）人生の落伍者になることを強調する。学校は優等生と劣等生でクラスを分け（A組とB組）、不良を分類し、落伍者の選別作業を始める。ウニの両親は兄のデフンにすべての期待をかけるが、両親の期待は、やっとのことで流れ着いた江南の

「大崎洞（テチドン）」から追い出されるかもしれないという恐怖に起因する。デフンは父の期待に礼儀正しく順応するが、テーブルに座った彼の暗い後ろ姿からはまったく自信が感じられない。

　社会全体が生存と地位の上昇をめぐって競い合う韓国社会において、その秩序に忠実に従おうとする人々には「不安」という情緒が根幹にある。悲劇的な貧困と戦争に対する恐怖が、産業化と反共という国家目標（夢）を突き動かす大衆の感情だったように、不安は学校の共同体と家庭を支配する情緒でもあった。「生存し、食べるのに困らず、豊かに暮らし、他人に自分のものを奪われない」という人生への夢は、不安という気持ちに寄り添って構成され、その不安を繰り返し生み出したはずである。

　韓国社会全体が共有する夢想を後押しした情緒として、不安以外にもうひとつ、「憂鬱」も挙げられる。大衆の夢に身を投じた者たちが、その夢から脱落するのではないかと不安に思う一方で、そもそもその夢から排除されていた者たちや、その夢を理解できない者たちは憂鬱である。大崎洞に住んでいながら江北の高校に通い、学閥競争からすでに脱落したと思われるスヒは、夜遅くにボーイフレンドを部屋に連れてくる時を除けば存在感がない（スヒはテーブルの隅の最も暗い席に座り、ほとんど話もしない）。

　ウニの母は、この大衆の夢を実現するために幼い頃から家父長的な家族共同体の犠牲になり、いまもそうであるが、この夢の秩序以外は想像できない。個人的な夢を諦めて支援した実兄は、（おそらく）自ら世を去るが、その死が、ウニの母が献身した夢の秩序と関連があると

は思っていないようだ。理解が不可能な死は追悼できず、追悼が不可能な死の前では心から悲しめない。伯父の死についてウニが聞くと、「もうこの世にいないというのが不思議」と言うウニの母のなかに、わたしたちは悲しみではなく、憂鬱の情緒を見る。

　大衆の夢想の秩序のなかで、わたしたちは誰かに夢を略奪されるのではないか、夢を実現できずに自分だけが失敗するのではないかと不安になる。そして、大衆の夢想では自分の人生をまったく説明できず、それ以外のことを想像できなくて憂鬱だ。これらの感情のエネルギーは、時に直接的な暴力へと転換され、最も弱い立場に置かれたウニに到達する。不安は無慈悲な暴力に転換され、憂鬱は無気力に結びつく。にもかかわらず、ウニの家族は（1990年代のわたしの家族がそうであったように）「正常な家族」の秩序を手放さず、各自に与えられた責任を果たしながら、決定的な瞬間には助け合って日常を持続する。

　『はちどり』のなかで不安と憂鬱という支配的な感情から、多少なりとも外れている人物はヨンジだろう。ヨンジは明らかに幸せそうには見えないが、かといって特に不安でもなければ憂鬱でもなさそうだ（ただし、彼女は悲しげに見える）。彼女が時代の支配的な情緒から、どのように自身を守り抜いているのか、わたしたちにはわからない。ただ、ヨンジが大衆の夢想と、それが構築した秩序からある程度離れた外部にいることはたしかだ。ソウル大学に通っているが漫画が好きだと言い、タバコを吸う。権威を持った先生だが、ウニへの接し方は丁重である。ウニの世界ではすべてが位階的に対立しているものが、ヨンジのなかでは共存している。

このような点からヨンジは事実上、ウニが初めて出会った「意味の
ある他者」だと言える。みんなが同じ夢の秩序のもとで生きている空
間で、ウニはジスクをのぞけば、誰とも深い関係を築けない（他の人たち
はいずれも秩序に従事し、しばし逸脱してウニに会うが、その後、姿を消すだけだ）。しか
し、ヨンジは秩序の外でウニと接触し、この秩序の外を考えるようにと
励ます。そして、世の中には秩序の外に追いやられ、住む家までも奪
われた他者がいるが、むやみに同情してはいけないということも。同じ
秩序のなかで「正常」に生きているように見えるが、すべてを懸けて
立ち向かうべき「内部の他者（暴力的な兄）」がいるということも、ウニに
教えてくれる。

覚醒と追悼の時間

1994年10月、聖水大橋崩落は韓国社会の大衆の夢想が壊れてい
く象徴的な事件であり、その始まりだった。江南の狎鴎亭洞から江北
の東大門地域をつなぐ聖水大橋は、技術力が伴わないなか、デザイン
とスピードを重視したゲルバートラス（Gerber Trus）工法を未熟なまま適
用して建設されたうえ、管理監督がずさんだったため、結局は崩落し
たと言われている。裁判所は聖水大橋の建設と管理等に関与した者
を業務上過失致死傷等の共犯として処罰した。これは、故意に罪を
犯した人でないにもかかわらず、共犯として処罰した最初の判決だっ
た。[3] この判決に対しては反論が多かった。しかし裁判所は、わたし
たち個々人が大衆の秩序に加担している自分自身を覚醒させることが
できなければ、それは故意に誰かを傷つけるのと変わらない結果とな
ってわたしたちに戻ってくることを悟らせたのである。わたしたちは長

年の夢想が生み出した残酷な結果に耐えなければならなかった。そして約8か月後、同じく江南に位置していた三豊百貨店が崩壊し、その2年後にはアジア通貨危機を迎えた。[4]

　聖水大橋が崩落した日、16番バスに乗っていて死亡した舞鶴女子高校の在学生は、江南地域の学校に割り当てられず、江北に通学していた生徒たちだった。[5] 映画のなかでスヒは、遅刻したために事故を免れる。この事故はウニの家族を、ある覚醒の瞬間へと導く。スヒがまるで死んだ存在のように暗い印象で登場し、テーブルに座り（実は、スヒはいつも死んだように存在していたが）、食事を始めると、デフンがいきなり泣き出す。家父長に順応的で、弱者には暴力的だったデフンは、なぜ突然、嗚咽したのだろうか。親しい友だちが事故に遭ったと見られる事情はないため、スヒが死と背中合わせだったという事実が、おそらくデフンになんらかの感情を呼び起こしたのだろう。両親とウニはデフンが嗚咽すると、徐々にスヒに視線を移す。大衆の夢想の秩序のなかで苦しい日々を生きてきたウニの家族はその時ようやく、互いの存在を（「正常な家族」としての責任倫理や、夢を叶えて勝利するための手段としてではなく）気遣う覚醒の時間を迎える。[6]

　ウニはヨンジとの出会いを通して、わたしたちが自分を好きになるのは本来、難しいことだという事実と、捨てられて傷ついた時に感じる自己嫌悪との向き合い方を少しずつ学んでいく。また、他人に認められたり愛を求めたりしなくても、自分を受け入れる方法を身につけていく（今後はボーイフレンドのジワンに頼らないだろう）。そして聖水大橋崩落によってヨンジが亡くなったことを知ったあとは、憂鬱を乗り越えるために深い追悼が必要だという事実に気づく。追悼は、喪失を正面から見つめて

理解できた時、初めて可能になる。断絶された聖水大橋の姿は、社会的にはそれ以降の、江南と江北のさらなる徹底した断絶を象徴しているように見えるが、その断面を見つめて追悼した時こそ、わたしたちは憂鬱の情緒から抜け出せるのだろう。

他者を通して、過去のわたしとコンタクトするならば

　不安で憂鬱な時、自己嫌悪感がこみ上げる時、わたしはよく「未来のわたし」を思い浮かべる。なかなか良好な心と体で年を重ねた60歳くらいのわたしがそっと部屋に入り、布団の上に座り込んで本棚に背をもたれさせたまま傷心しているわたしを見る。そして頭を撫でてやり、そのすべてを最後はうまく切り抜けるから、いま感じている気持ちとじっくり向き合って、自分を大事にするようにと助言する。

　わたしにとって『はちどり』で最も美しい場面は、入院する前、ヨンジに会いに行ったウニが、漢文塾の階段でヨンジに抱きつき、ヨンジがウニを両腕で包み込んだ時、ふたりの後方にある窓の外の木が揺れる瞬間だ。忘れられない記憶が夢のなかで再現されるとしたら、このような光景なのではないか。劇中、ヨンジは確かにウニの世界に実在する人物だが、わたしは、過去に韓国社会の秩序のなかで傷つきながら成長したウニに会いに行く、「未来のウニ」をヨンジのなかに見つけた。これは成人したキム・ボラ監督自身なのかもしれない。

　他者を心から気遣う時、その他者はわたしの一部と結びつくが、さらにその他者のなかに、いつかそうなりたいと思える姿を見つけると、

わたしたちはその姿を未来のわたしに投影する。その未来が到来し、現在になると、次にわたしたちは過去のわたしに会いに行く。記憶のなかのまさにその他者、「ヨンジ」の姿で過去の時間を訪ね、幼いわたし（ウニ）に会い、ヨンジの目と手を借りて自分の過去を理解し、抱きしめることができる。どう生きたらいいのか、どんなことを夢見て、どんな夢に向かって突き進むべきか、わたしたちは誰ひとり、正確にわからない。しかし誰かと出会って別れ、人生が続いていくなかで、わたしたちはこんなふうに他人を通して未来の自分を形成し、過去の自分をいたわりながら、さまざまな人の存在を受け入れ、ひとりの成人になっていくのだと思う。

　「漢江の奇跡」を誰もが信じた大衆の夢想は、もはや存在しないが、韓国社会はセウォル号沈没事故が物語るように、いまもなお1994年の支配的な感情から抜け出せていない。理解しがたい死を目の当たりにして、追悼は不可能だった。人々は不安で憂鬱である。それは、集団の夢と秩序からかけ離れた一個人でありながら、他人にたやすく同情せず、小さくて弱い人たちに礼儀正しく、不当なことには絶対に立ち向かえと勇気をくれる人が多くないからだろう。そのような人が存在してこそ、わたしたちはその存在を通して、未来のわたしたちを夢見て、過去のわたしたちをいたわることが可能になるのだから。

1　キム・ホンジュン『社会学的破像力』（日本未翻訳）文学トンネ、2016、p.223
　　〜226【破像力：2007年発表の論文で初めて提案された概念】

2　キム・ヒョンスク「都市開発と学校の移転、そして空間の分節」、『口述史研究』
　　第3巻2号、2012、p.90

3　最高裁判所 1997. 11. 28. 97 ト 1740 判決

4　小説家ファン・ソギョンは、三豊百貨店の崩落を江南開発以降に始まった大勢の
　　欲望と夢が崩れ去る時点として生々しく描写している。小説のタイトルは『江南
　　夢』（日本未翻訳）。

5　『はちどり』では、スヒが「勉強ができなくて」、江北に通学していると描写され
　　ているが、実際には江南地域に人口が集中し、江南学群の学校だけでは生徒を全
　　員収容できなかったのがその理由である。

6　兄のデフンが嗚咽する場面以外にも、ウニの父がウニの手術を控え、声を出して
　　泣く場面がある。このような姿から、わたしたちは彼らが暴力と抑圧の単なる「加
　　害者」に限定されないという理解に到達できる。しかし一方で、そのように、は
　　ばかることなく涙を流す存在が劇中、このふたりだけだという点は意味深長であ
　　る。最も抑圧を受ける立場にあり、実際に聖水大橋崩落事故の被害者になってい
　　たかもしれないスヒは、涙を流さないからだ。ウニの母もウニも、そのようには
　　泣かない。正確に言えば、「泣けない」のだ。

キム・ウォニョン
骨形成不全症により、車椅子に乗っている。高等学校卒業程度認定試験、特殊学校、
一般高校を経て、ソウル大学社会学科とロースクールを卒業した。卒業後、国家人
権委員会等に勤務し、現在はソウルで弁護士として活動している。「障害文化芸術
研究所チッ」で演劇俳優としても活躍した。周辺と中心、また社会学と法学の間を
往来しながらアイデンティティーと障害者の問題について社会的な次元で苦悩し、
その苦悩をさまざまな媒体に寄稿した。著書に『だれも私たちに「失格の烙印」を
押すことはできない』（小学館）、『希望ではなく欲望：閉じ込められていた世界を飛
び出す』（クオン）がある。

House of Hummingbird

いま、ここの
前日譚『はちどり』

チョン・ヒジン

わたしはジャ・ジャンクー監督の『長江哀歌』（2006）
が、1994年を背景とする『はちどり』と現在を結びつけていると思う。
両作品ともグローカル（glocal）資本主義の前兆がすでにローカルで実
現されていることを如実に示している。ベルリンの壁の崩壊以降、アメ
リカ中心の世界化により労働の終末が始まった頃、地球の一方では金
融流通資本主義の疾走が始まり、韓国と中国では開発独裁（建設）が
生んだ悲劇が本格的に可視化する。空間の破壊そのものが『長江哀
歌』と『はちどり』のテーマである。『長江哀歌』の登場人物は愛す
る人を捜しに久しぶりに故郷を訪れるが、存在していた世界はすべて
水のなかに消え、目にする空間は至るところ、廃墟である。『はちどり』
の主人公である中学2年生の少女、ウニ（パク・ジフ）のメンターである
漢文塾のヨンジ先生（キム・セビョク）は、聖水大橋崩落事故で死亡する。

　また、わたしは『はちどり』が過去の物語というより、いまの時代を
予告するものだと考える。この映画の歴史性は、1994年の家族と学校
を中心とした韓国社会を貫通する痛みと暴力の日常を描き出したとこ
ろにある。映画の背景は25年前だが、劇中のセリフ通り「理不尽な
日常」は、当時もいまも同じだ。ただし今日、教室には「ソウル大に
行こう」というスローガンはなく、労働と雇用の終末時代には労働者を

訓育、輩出する軍隊と学校が役に立つことはない。だから、あちこちで教室の崩壊が起きるのは当然であり、あの恐ろしいと言われる「中二病」は大学の講義室に移動した。ポケベルをスマートフォンに替えた3兄妹とその友だちは今頃、一人暮らしをしながら、ぽつんと横になり、SNSのコメントをぼんやりした目で眺めているのではないだろうか。『はちどり』は、まだつくられていない『はちどり2』と、すでにつくられた『ソーシャルフォビア』（2014）あるいは『パラサイト 半地下の家族』（2019）の前日譚なのではないだろうか。

韓国の家族における原形と進化

『はちどり』を観ながら、さまざまな家族映画を思い出した。イム・グォンテク監督の傑作『キルソドム』（1986）から、『図形日記』（1999）、『家族の誕生』（2006）、『息もできない』（2008）、『渇き』（2009）、『僕たちはバンドゥビ』（2009）、『荊棘の秘密』（2016）、『わたしたち』（2016）まで。

「家族」をモチーフにしたこのような映画は、たいてい強烈である。階級意識は家族への責任と愛を簡単に捨て去り、男性は女性と子どもを殴り、子どもは放置されている。家族は人類が発明した最も暴力的な制度だ。女性は戦争よりも、配偶者による殺害と出産中に命を落とすことのほうが多い。にもかかわらず、家族内で女性に加えられる暴力に対しては「＃MeToo運動」が難しい。これは家族という構造が家父長制のマトリックス（matrix）、基盤だからだ。

一方、『はちどり』の家族は極度に「正常」であるため、「映画で

しか観られない」とは思えない。それは、規範的という意味で正常なのではなく、現実的という意味においてである。わたしが『はちどり』で最も気まずいと思った、いや、はっと驚いたシーンは、5人家族がいくつかのおかずを囲んで一緒に食事をするシーンである。『はちどり』は、「激しく」はないが、日常に忍び込んだ暴力を描写している。「兄さんに殴られました」と娘が訴えても、両親は「ケンカするな」と言い、加害者と被害者を「平等」に扱う。劇中、父は自営業者の家長として自意識が強いが、彼が労働している場面はほとんど出てこない。家事と店の仕事を一手に引き受けている母は、ひたすら人生に耐えているかのように見える。家でも学校でも空回りしている末娘（主人公）は寂しい。すべての空間で大人たちはそれぞれの役割を果たせないか、腐敗していて卑劣である（特に担任教師!）。そんななか、少女に関心を見せるのは、数シーンだけに登場する医師だ。「人道主義的」な中年医師は、世の中の出来事（家庭内暴力、校内暴力）を見通しているかのように、告訴用の診断書を出そうかと提案する。少女は愛と関心を求めることを諦めず、小さな関心にもときめき、そして傷つく。

　いまでは『はちどり』のなかの家族さえ珍しい。韓国社会において家族構成員の関係は実に道具的である。あらゆる社会福祉のコストを女性の家庭内での性的役割に押しつけ、学者や官僚はこれを「韓国型社会福祉」だと称賛する。韓国の家族文化は、夫婦中心ではない。実際、「正常な家族」は解体され、同居する家族は「SKY キャッスル【子どもを名門大学に入学させ、上流階級になること。『SKY キャッスル～上流階級の妻たち～』はテレビドラマのタイトル】」を夢見てストレスを溜め、不安にさいなまれながら、子どもの成績を中心に回っていく。もちろん、前述のような親の夢は叶わず、子どもは学校でも家庭でも、自分は脇役で、「サンドバッグ」

であることを知っている。

愛される人が「被害者」である時代

　先日、テレビでペットに関する相談事例を見た。その内容は、飼っている犬に顔を舐められたのだが、犬が見ている前で無意識に顔を洗ってしまったというものだ。相談を求めた飼い主は深刻だった。「その子（犬）はわたしの行動で傷ついたでしょうか?」。この話はしばらく、わたしの頭から離れなかった。人間と動物の違いが問題なのではなく、愛の力と倫理をめぐる問題として。

　愛すれば相手の気持ちを考えるものだ。ところが、いまの時代の愛というものは、ペットであれ、伴侶であれ、友だちであれ、愛する相手そのものより、「愛する行為」の主体である自分を愛しているに過ぎない。自己防御のために相手を物と見なし（物化）、自分の姿を写すための対象にする文化が一般化している。そして、そのような行動の意味さえ知らない。この非倫理的な関係が暴力で終わる時、「愛された人」は「捨てられた」と感じる。以前なら他人を傷つける行為は「自分勝手だ」という批判を伴った。しかしいまは、「自分勝手な人」になるために他人を踏みにじる。悪行を、意図的にしているわけだ。『はちどり』では、「（私がお姉さんを愛したのは）前の学期の話じゃありませんか」ということばで代弁される。あえて与えなくてもいい傷を与えることが自我実現になった。

　このような行為が生命体を対象になされる時、倫理的な問題が発生

する。いまの時代、わたしはいっそのこと、人や生命体を対象にしない対象関係、つまり「依存」を勧めたい。愛の代わりになるものは勉強や仕事であるかもしれないし、運動や趣味に依存することかもしれない。政治は、どんなことに依存したらいいのかを決める、権力の主体である。

　主人公のボーイフレンドは幼い年で恋愛の権力関係を体得した男性性を明確に示し、対するウニは異性愛に何度も傷つく。一方、ウニのことを死ぬほど好きで果敢に告白することも厭わなかった少女が突然、ウニに会っても知らないふりをする。ウニが理由を尋ねると、「（お姉さんを好きだったのは）前の学期の話」だと言う。さらに、ウニの親友、ジスクは一緒に企んだ万引きの責任をウニになすりつける。『はちどり』は愛される人が「被害者」であることを見せてくれるのだ。

　10代の問題だろうか、時代の問題だろうか。ウニの親友やボーイフレンド、後輩はいずれも自分の問題を解決するために、必要に応じてウニを愛の対象として利用する。彼女、彼らにはいくらでも代わりがいる。新自由主義時代は極端な個人主義の時代だが、（人権の概念において）個人はそのなかでも、他の誰にも代わり得ない固有の存在でなければならない。しかし『はちどり』は、実際にはそうでない現実を報告している。

　愛に必要なものは永遠の約束ではない。永遠でない関係を終える時、相手に対して最低限の礼儀を守ることだ。だから、「恋愛は誰にでもできるものではない」、このことばはいつでも名言である。恋愛は倫理的な人だけが試みられる行為である。家族はこのような倫理を制度へと変えようとする体制のため、当然、失敗せざるを得ない。戸主制廃止運動当時のスローガン通り、家族を守るのは姓ではなく、愛だからである。

寂しさから憂鬱へ

　『はちどり』に対する意見のうち、「誰もが通り過ぎた10代の頃の痛みと思い出を呼び覚ます」という感想がある。しかし時代や性別、階層によって10代の経験と解釈は異なる。飛躍的な考えかもしれないが、10代を描いたからといって、『高校ヤルゲ』（1976）や『マルチュク青春通り』（2004）、『野花』（2014）、『私の少女』（2014）がどうして『はちどり』と同じだと言えるだろうか。

　『はちどり』の家族は、それぞれが異なる理由で寂しい。映画の焦点は10代の少女、ウニに当てられているが、わたしはウニの母をしばしば思い出した。彼女の残りの人生。母はウニに「伯父に会いたくないか」と聞かれ、「なんだか不思議なの」と答える。母はすでに、辛うじて日常に耐えられるくらいのまなざししか持ち合わせていない。人生で唯一の保護者だった実兄を失った母と、漢文塾の先生を失ったウニは喪失感を共有する。それでもウニには「時間」がある。成長して他の世界にいくらでも飛んでいける（そうであってほしいと応援したい）。

　ウニが漢文塾の講師、ヨンジに初めて好感を抱いたのは、彼女がタバコを吸い、どこか逸脱した人としての同族意識があったからだ。長期休学中のヨンジはさまよい続けている、なにやら意識の高い大学生である。彼女はウニの言葉に耳を傾け、「自分自身を守れ」と助言する。ウニはヨンジが好きで彼女に頼っている。「寂しさの解決」は、このようなふれ合いと絆意識で可能になる。ところがいま、わたしたちにはヨンジのような人がいない。または存在していたとしても、本人がこの世の中に耐えられないだろう。

母娘の喪失感と愛する人を失った悲しみは、人間の生老病死と同様に、不可避なことである。しかし、グローバル資本主義への編入を熱望する韓国社会は、もっぱら発展のために「生老病死」の「生」にのみ執着し、「老病死」には目を向けない。健康と若さだけが最高の価値となった社会で、それを実践（practice）できない者は憂鬱だ。喪失と寂しさは人間にとって必要な条件であるかもしれないが、憂鬱と自殺はそうではない。図々しさが幅を利かせる時代に、憂鬱は倫理観を左右するものだ。本人の憂鬱を他人への暴力に転嫁する者がどれほど多いことか。

　しかし、なにより中年女性であるわたしは、ウニの母に自分を重ねた。脱コルセット運動や『82年生まれ、キム・ジヨン』は、中年女性のためのジェンダーイシューではない。女性の階級は年齢と外見である。年を取った女性や障害のある女性、移住した女性が経験する世界は、ジェンダーとは無縁だ。韓国の既婚中年女性はなにを生きがいにするのか。夫が出世し、子どもの成績が良い「完璧な家庭」は珍しい。なによりそれは夫と子ども本人のみができることであり、他人には代わることができない領域だ。母親は非難されるだけである。女性は年を取ると、専業主婦であれ、俳優であれ、経歴にブランクがある女性であれ、それまでとは違う人生を生きなければならない。しかし、韓国社会にはそんな女性たちの助けになるインフラが皆無である。

　男性中心社会とは、公的な領域の権力を男性（男性連帯）が独占する構造を指す。この時、「女性の価値」は男性ネットワークへの接近の可能性、あるいは財力のある男性との個別の関係によって決定される。夫であれ、父であれ、恋人であれ、権力のある男性に深く愛されれば

よいだろうが、そのようなことは童話（神話）のなかでしかありえない。家父長制は保護すべき女性、そうではない女性、そうしなくてもよい女性を区別する権力だ。女性の地位は個人の能力によって決まるというより、権力のある「父の娘（パク・クネ【韓国の元大統領】）」である時、決定される。「父の娘、姫」は家父長制の社会において既得権を持った女性のうち、最高の地位である。夫と息子に関しては、保護されることが保証できないばかりか、暴力と労働が伴う。社会的、心理的な安定を手にできる女性は、無条件の愛で娘を応援してくれる父がいる場合だ。そうでない女性は日々、緊張して闘わざるを得ない。

『はちどり』のウニには、それでも母とヨンジがいた。しかし、ウニの母には実兄に象徴される唯一の保護者さえ残っていない。寂しさにさまようウニとは違い、ウニの母は寂しいというより、喪失感によって憂鬱だ。彼女に残された人生は餅屋の仕事、家事労働、責任感がなくダンスに夢中になっている夫を相手にしないこと、子どもたちの世話…。それ以上は想像しがたい。彼女にとって人生は輝かしいものではない。しかし、彼女が自分だけの世界をつくり、ふたりの娘がいつか彼女の良き友になってくれることを願いたい。

チョン・ヒジン
女性学研究者であり文学博士。学際的な観点の研究と執筆に関心を持ち、シネフィルでもある。著書に『一人で見た映画』、『フェミニズムの挑戦』、『とても親密な暴力 - 女性主義と家庭内暴力』、『見知らぬ視線 - メタジェンダーから見た世界』、『チョン・ヒジンのように読むこと』（すべて日本未翻訳）がある。他に 50 冊余りの共編著書を執筆。

2019年5月、女性のストーリーをつくる創作者としてキム・ボラ監督とアリソン・ベクダル
が、バーモントにあるベクダルのアトリエで、互いの作品に関する話と創作者としての悩み
を2日間にわたり、分かち合った。映画の性平等のテストである「ベクダルテスト」でよ
く知られたアリソン・ベクダルは、『ファン・ホーム ある家族の悲喜劇』と『Are You My
Mother？』等を著したアメリカのグラフィックノベル作家である。ベクダルは作品を通して
家族、人生、死、性的志向とジェンダー・アイデンティティー等のテーマで自伝的なことを
語ってきた。現在は同性の配偶者であり、芸術家のホーリー・レイ・テイラーと共にボルト
ンに滞在している。

英韓翻訳 シン・ピンナリ

House of Hummingbird

女性、ストーリー、
創作について

キム・ボラ＋アリソン・ベクダル

KB　初めて『はちどり』を観た時に、どんな気持ちを抱いたのかが気になります。率直な感想を教えていただけますか。

AB　夢中になったと言えばいいのでしょうか…。作品の世界に引き込まれたような気がします。それはおそらく、「感情」という表現で振り返れるものではないのかもしれません。感情というよりは、「状態」というほうが限りなく近いでしょうか。構築された映画の世界に吸い込まれていくような感覚とも言えるかもしれません。それは、どこかサスペンスを感じているかのような経験でした。映画を観ている間もずっと、「何が起きているんだろう」と考えていました。劇中のシーンは、「日常的な人生」を見せてくれているのに、単に「日常的なだけ」には決して見えなかったのです。「とても素敵な手法で肉付けされた日常」というのが正しいのかもしれません。それが率直な感想です。

KB　ありがとうございます。「夢中になった」という表現はいいですね。

AB　『はちどり』を観る前に、まず、短編の『リコーダーのテスト』を観ました。『はちどり』は『リコーダーのテスト』と直接結びつく物語のように思えます。「見えない存在としての経験」という、同一のテーマを扱ってもいますよね。数日、間隔を置いて『はちどり』と『リコーダーのテスト』を順番に観なおしてみたんです。

すると、『リコーダーのテスト』を観終わった場所から、『はちどり』が再出発するような構成で面白かったです。

KB　実はその通りです。『はちどり』は、『リコーダーのテスト』の続編のような作品です。あなたの2作品、『ファン・ホーム ある家族の悲喜劇』と『Are You My Mother?』のように異なる作品ではあるんですが、似ているところもあるんです。『リコーダーのテスト』を観た感想も少し聞いてもいいですか?

AB　不思議な気分でした。悲しい物語だったのですが、物語の最後のピースが合わさった瞬間、希望に満ちた気がしました。とても悲しいけれど、ポジティブなもの。なんと言えばいいのか…、つまりは、幸せを感じたんです。この小さな女の子がヒーローのように思えました。ある女の子の普遍的な人生を、尊重するまなざしで真摯に描いていたのではないでしょうか。この映画は、「一度も見たことのない試み」であり、もしくは「これまで挑戦されることのなかった試み」でもある気がします。

KB　素敵な感想をありがとうございます。映画にはどんなメッセージが込められていると思いますか。ありきたりな質問で申し訳ないんですが、あなたの感想が聞けたらと思って。

AB　ひとりの少女の人生を意味深く、大切に、そして普遍的に見せることが、映画の目的だったように思えます。少女の人生もまた人間の人生であり、見下されてはいけない物語ということです。つまり「ひとりの少女の叙事詩」であるということ。作品を通じて、なにより、「ひとりの人間」について描かれた物語なのだと感じています。

　　　　　　　　　　　　　　　女性、ストーリー、創作について

KB　わたしは真摯に描かれた少女たちの物語をもっと見たいと思っていたんです。わたしたち女性の物語は、取り上げられることが少ないモチーフなのではないかと考えていました。

AB　女性はいつも外部の視点から観察されますよね。あなたは自身の女性としての立場から、女性のキャラクターに光を当てました。わたしが伝えたいのは、ウニが「媒介」ではなかったというところです。彼女が「映画の主体」であったことが大切なのだと思っています。ところで、『ハウス・オブ・ハミングバード』(『はちどり』の英語タイトル)というタイトルは、どういった経緯でつけたんですか。

KB　韓国語のタイトルは『ポルセ(はちどり)』です。韓国語だったら、『はちどり』だけで十分でした。それでも英語タイトルには、『はちどり』ということばの前に「家」という単語を付け加えました。なぜかというと、英語の「ハミングバード／Hummingbird」だけでは、なかなか映画のタイトルらしく聞こえないからです。はちどりは世界で最も小さな鳥です。この鳥は蜜を求めて遥か遠くまで飛んでいくんですが、その姿がウニの人生の旅路に重なると思いました。ウニはとても小さな女の子ですが、愛されるために、また真の愛を見つけるために、あらゆる所を飛び回っている。また、動物が持つ象徴に関する本を探していた時、はちどりには「希望」「回復」「愛」といった肯定的な象徴があるのを知りました。それで映画のタイトルにもふさわしいと思ったんです。話は逸れるのですが、この近くに「ハミングバードロード」という道があるのをご存知ですか?

AB　…ああ、確かに。今日までその道のことをすっかり忘れていまし

た（笑）。

KB　来る途中に、看板を見つけたので写真を撮りたかったなって。帰りに写真を撮っていくつもりです。うれしい偶然の一致でした。

AB　面白いですね。もしかすると、それがあなたをここに呼び寄せたのかもしれません（笑）。あとは、映画のペース配分が本当に良かったです。あのゆっくりした進行や、この少女の変わり映えのしない人生に付与された非常に微細な、ほぼ顕微鏡で見なければすくい取れないようなディテールといい…。たくさんの事件が起こるので「変わり映えのしない」という表現は正しくないかもしれません。それでも、事件のほとんどはかなり典型的なものが多いですよね。万引きや友だちとのケンカだったり…。しかしながら、映画はこの少女に、人には尊厳と居場所が当たり前に存在することを見せてくれた気がします。少女たちの物語はたいてい、取るに足らないものとして描かれたり、真摯に扱われなかったり。ところが、あなたはこの少女の人生を「人間の人生」として見ていますよね。そして、この少女の冒険と主体性をまるで、少女が中世の騎士であるかのように真摯に描いている。それが本当に良かったです。あなたがこの少女の物語を、大きなひとつの叙事詩として昇華させてくれたのだと思います。

KB　表現がとても素敵です。ありがとうございます。

AB　あなたがこの少女の物語を伝える場を作り、人間の物語として書き下ろしたことが素晴らしいと思っています。実際に『ジャンヌ・ディエルマン　ブリュッセル1080、コメルス河畔通り23番地』（1975）を最後ま

　　　　　　　　　　女性、ストーリー、創作について

で観たことは一度もないんですが、シャンタル・アケルマンの映画にも通じるところがあるように思います。アケルマンが人生の非常に微細な部分を見せてくれるように、あなたの映画もそんな要素をもたらしてくれます。

KB　ありがとうございます。以前、2時間40分に達するわたしの映画のラフカットを見た映画業界のある男性から「2時間40分にもなる『少女の映画』を誰も観たいと思わないだろう」と指摘されたことがあるんです。

AB　なんてことを。ひどい。

BOTH　（笑）。

KB　少し時間が経ってから、その男性が自分の発言を謝罪してきました。

AB　それは良かったです。あなたは謝罪を引き出すことが得意なのかもしれません。

BOTH　（笑）。

KB　もしかしたら、人々はわたしの悪魔のような性格を見抜いているんでしょうか？

AB　あなたが誰かを攻撃したり、相手のせいにしたりしないから、相

手が自らの過ちに気づくのではないでしょうか。わたしの考えでは、それがあなたの映画の長所でもあると思います。あなたは声高に強要するタイプではありませんから。

KB　たまにはそうすることもあるんですが…。ともかく、編集監督とは映画の上映時間について、ずいぶん悩みました。そして、いまでも2時間40分バージョンを恋しく思う時もあります。

AB　最終の編集版の上映時間はどれくらいだったんですか。

KB　2時間18分です。

AB　消えた20分余りにはどんな内容が含まれていたのですか。

KB　随所で多くのディテールが消えていきました。最初の編集版が良かったのですが、どうしても映画を完成させなければならなかったので仕方なかったんです。

AB　この作品がどれほど美しく構成された物語なのかを、先ほども話したかったんです。『はちどり』を2回目に観た時、あなたがどんな原理に基づいて場面を配置したのかをじっくり確認できました。それは印象的としか言いようがありません。映画を観る人には、まるで現実に起きた偶然の事件のように自然に見えますが、実はとても慎重に構成された物語なんだと。

KB　ありがとうございます。

AB　シーンを少しずつカットしたことが大きな変化をもたらしたようです。

KB　そうなんです。とても悩ましい過程でした。しかし、結果的にはやり遂げることができました。周りから「新人監督が初の長編映画で2時間18分の作品をつくるなんて、実に勇敢だ」と言われたりもしました。最近つくられる映画では、2時間を超える作品は少なく、特に初長編を撮る監督は上映時間を短くする傾向があるんです。

AB　上映時間を長くしてもいいという確信はどのようにして得られたんでしょうか?

KB　わたしは、そのような点では頑固なタイプなんです。みんなが長い映画が好きでないのなら仕方ないだろう、そう思っていましたね。

AB　観ている途中で嫌になったら、黙って出ていけということ?

KB　いや、そういうわけではないんですが…。

AB　どんな長さでも、観客を繋ぎ止められると思っていたとか?

KB　どんな映画にも、その映画にふさわしい上映時間があると思うんです。人の寿命のように。『はちどり』は2時間を超えない限り、つくれないと思っていました。映画ごとにそれぞれ固有のスピードと長さがあるんです。わたしは完璧な長さを見つけたかっただけです。それが最も大きな心配だったのですが、ある時点からは観客への心配が消え去っていきました。2時間に満たない映画に編集しなかったことがうれし

いんです。わたしは男性監督が3時間、8時間に及ぶ映画をつくっても、誰もなにも言わないという事実に怒りを覚えます。いや、怒りを覚えるというより、驚かされるという気持ちが大きいかもしれません。

AB　どういうことか、理解できる気がします。

KB　『はちどり』を「少女の成長談」だとすると、2時間40分はかなり長く感じるでしょう。その理由を考えて気づいたのは、実際、女の子がそれほどたくさん話をしなくても、人々が特別な理由もなく、「女の子はおしゃべりな存在」だと思い込んでいることでした。むしろ、男の子たちこそ人の話を聞くことより、話しまくることに、はるかに慣れているのではないのでしょうか。社会における女性の立場によるものかもしれませんが、これまで大多数が女性監督の「長い映画」を受け入れられず、受け入れる能力自体が、そもそもなかったと思うんです。『はちどり』が男性監督によってつくられた映画だとしたら、人々は長い上映時間について質問したと思いますか。おそらくしなかったはずです。

AB　『はちどり』の価値がそこにある気がします。もっとまとまった言葉で表現したいのですが…、『はちどり』は「見えない少女」に関する物語でもありますよね。そして映画はとても長い時間、大きな関心を持って、こと細かく彼女を「見つめている」。あなたが盛り込もうとしたメッセージと構成が非常に美しく溶け合っているのだと感じました。

KB　どうしても長くなければいけなかったんです。いや、長くなければいけなかったとは言いません。しかし、あの長さである必要があったのだと。

AB　とびきり勇敢で、印象的で、断固とした決意だと思います。

KB　そう言ってもらえてうれしいです。『はちどり』を単なるかわいい成長談だと思われたくないんです。

AB　成長映画という見解はわたしも反対です。『はちどり』は「人間になること（Coming-of-Human）」に関する映画であり、単なる成長談ではありません。

KB　人々は『はちどり』を『レディ・バード』（2018）と、よく比べたがります。しかしわたしは比べてほしくないんです。

AB　その人たちは、ちゃんと映画を観たんでしょうか。

KB　わたしはその映画を好きなのですが、『はちどり』とは似ているところがまったくないんです。

AB　少女が登場すること以外は。

KB　人々はいつも女性たちを比べたがります。それぞれになんの共通点もないのに、「女性」という理由だけで。

AB　『はちどり』でもうひとつ良かったのは、実に多くの手書きの文字が登場することです。ノート、ウニが周囲の人に書いた手紙、黒板に書かれた漢字まで…、そのような場面が本当に多かった。そういえば、万引きする場所も文具店でしたよね。ヨンジがスケッチブックをプレゼ

ントしたりして。なにか意図があったのでしょうか。

KB　そうですね、人の手書きの文字を見るのがただ好きなのかもしれません。自分でもよくわからないのですが。ウニが先生に手紙を書く時、あの郷愁に満ちた雰囲気がとても良かったんです。最近は誰かに手紙を書いてやり取りをしませんから。

AB　付箋に字を書く場面。あの付箋を机に貼る場面に、並々ならぬ労力を費やしたと聞いて、とても感心しました。

KB　そうなんです。付箋を完璧な位置で捉えるために、果てしなくテイクを重ねました。

AB　興味深いエピソードですね。

KB　手書きの手紙には、Eメールやスマホのメッセージにはない魂が宿っていると思います。文字通り、「手」で書いた手紙だからこそです。「書く」という行為には、何か奥深いものがあるのではないでしょうか。

AB　同感です。字を書く手が紙に触れることで、人から滲み出るなにかが紙に染み込むものなのかもしれません。

KB　なるほど。わたしはおそらく、それを捉えたかったのだと思います。だから、何度も手書きの文字を見せました。幸いなことに、わたしとは違い、ウニ役の俳優は字がとても上手でした。

AB　そして、そのウニが漫画家、つまり絵で表現する人になりたいというのが、とても印象的でした。

KB　実は、わたしは子どもの頃、漫画家になるのが夢だったんです。

AB　そうだったんですね。いまでも絵を描いているんですか。

KB　描いてはいますが、あまりうまくは描けません。そして、手で字を書くシーンがあったのでわかったのですが、わたしとウニ役の俳優、ヨンジ役の俳優ともに左利きだったんです。

AB　それは気づきませんでした。

KB　そうですか。しかし、多くの人に言われました。わたしも撮影前は知らなかったんです。2人の俳優がいずれも左利きだと知って、とてもうれしかった。わたしは字を書く時は右手、絵を描く時は左手を使うので、厳密に言えば両利きなんです。

AB　（笑）。

KB　わたしが初めて買った本は『キム・スクの漫画のつくり方』でした。いまでもグラフィックノベルへの愛情が深いんです。だから『リコーダーのテスト』も『はちどり』も、主人公は漫画に関心の高い人物です。そのような設定にしたいと思いました。

AB　とてもいい設定だと思います。

KB　あなたの本からも手紙と手書きの文字への愛情が読み取れます。グラフィックノベルに書かれた字も手書きのように見える。あなたの作品にも文学作品が多く引用されているように感じますが、わたしの映画にもそんな箇所がいくつもあります。ヨンジの本棚に並んだ本を見せたり、ヘルマン・ヘッセの『クヌルプ　彼の人生の3つの物語』を見せたりもしました。ウニがヨンジにプレゼントするのも本です。

AB　『赤と黒』。

KB　そうです、『赤と黒』。

AB　どんな意図があったのでしょう。

KB　1990年代、当時の韓国では、保護者の間で文学全集を買うのが流行っていました。実際に読むために買うというより本棚を飾る意味合いが大きかったのですが、わたしの家にもそれがありました。親が読まなくても、子どもたちが読むことがあり、わたしも全集のなかから数冊、読んでいました。『赤と黒』もそのうちの1冊です。その物語にはジュリアン・ソレルという人物が登場します。ジュリアンは神経過敏で自己中心的です。また、周りのすべてのことに没頭し、羞恥心を強く感じてしまう性格でもあります。そんなジュリアンの性格を表した独白が、小説の随所に登場するんですね。わたしはジュリアンというキャラクターが大好きだったのですが、それは幼い頃のわたしも、「わたしはおかしいんじゃないだろうか」「なぜこんなに考え込んでしまうんだろう」という悩みがあったからなんです。自分のように内面に関する悩みと独白が多い人物を本のなかに見つけて、なんとなく安心することができまし

た。だから『赤と黒』の本を映画にも登場させてみました。映画に出てくる本をはじめ、映画の小道具のいくつかは、わたしの両親の家から実際に持ってきた物なんです。

AB　そうだったんですね。

KB　実は、あなたに聞きたかったことがあるんです。『はちどり』で最も気に入った場面や記憶に残っている場面はありますか。

AB　ウニとヨンジのシーンが一番好きですね。誰かがウニの存在に気づき、目をかけてあげたことに胸を撫で下ろしました。ヨンジはかなりミステリアスなキャラクターでしたよね。たとえば、ヨンジは特に優しいわけでも、母性愛にあふれた人物でもない。内向的で…、ミステリアスでした。そして、漢文塾の塾長が言ったように、彼女は少し「変」でした。ヨンジとウニが親しくなっていくシーンはすべてが良かったです。そういえば、トランポリンのシーンも良かったですね。子どもの頃、一緒にトランポリンをした友だちがいました。あのような特殊な身体運動をしながら、会話を続け、親密感を深めていくところになにか魔法のようなものを感じ、その魔法にわたしも共感を覚えました。ほかにも、ウニが怒りを抑えきれず、とうとう爆発させる場面もやはり非常に強烈だった気がします。ウニが上下にぴょんぴょん飛び跳ねながら、怒りと挫折を吐露する姿にはある種のカタルシスを感じました。

KB　踊っている場面のことですか?

AB　そうです。映画を観終わったあとは、なにかずっしり重い物を高く

持ち上げた時のような爽快感、あるいは身軽になったような気持ちになりました。心地良さを感じた気がします。あなたがどんなふうに、この重厚で壮大な物語を締めくくるのか、まったく予想がつかなかったのですが、まるで最後にナレーションで読まれた手紙のように、物語は滑らかに終わっていった。錬金術のような変化、奇跡が起きたかのように。世界を別の視点で見られる瞬間は、小さな贈り物のように思います。なんと言えばいいのか…、とても前向きな気持ちになれて幸せでしたね。とどのつまり、人生には意味があるという…。とてもセンセーショナルな印象を持ちました。

KB　ありがとうございます。ウニが漫画を描くこと以外で、「ああ、この部分は個人的に本当に共感できるな」と感じたところはありますか。ウニのキャラクターでなくても、映画全般で…。

AB　ウニがすべての事件の中心でありながらも目立たない存在だということですかね。ウニには、これといって特別なところはありません。しかし、ただ平凡な子だということ、そこに美しさがあります。そして、自立する能力がある。おそらく、そうせざるを得なかったからでしょう。多くの時間をひとりで過ごさなければならなかったから。その側面に惹かれました。ひとりで病院にも行く、そんなウニの自立心に共感しました。

KB　どういうことなのか、わかる気がします。

AB　ほかにも、ヨンジがウニに会うために病院に来る場面も、とても良かったですね。それは実を言えば、わたしが子どもの頃に、夢見ていたファンタジーでもあったのです。

　女性、ストーリー、創作について

KB　そうだったんですね。

AB　先生が訪ねてきて、わたしの眠る姿を眺めることが。

KB　あなたの本にもその場面を入れていましたよね。どうりで、馴染みのあるシーンだと思いました。

AB　確か『Are You My Mother？』に、そのような場面を入れたかもしれません。だから『はちどり』でその場面を見て、「わあ、私が一番望んでいたことじゃないか！」と驚いたんです。ウニが誰かにそんなふうに優しく、愛情に満ちた関心を向けられることが、自分のことのようにうれしかった。ところで子どもの頃は、映画に出てきたような高層マンションに住んでいたのでしょうか。

KB　映画に出てきたあのマンションに数年間、住んでいたのですが、別のマンションに引っ越しました。韓国のマンションは香港のようにどれも高層で、人々は高層マンション群を好みます。アメリカではそれを低所得層のための賃貸マンションと思うかもしれませんが、韓国ではまったく意味が異なるんです。韓国の人々は、同じような形の建物に住むことに慣れています。無数に並んだ同じ形のドアだとか…。

AB　まったく同じ形の…。

KB　韓国を象徴的に見せてくれる非常に大事なイメージです。

AB　『はちどり』は世の中に自分の居場所を探す物語ですよね。映画

を観ている間はなかなか気づきにくいのですが、実に政治的な映画でもあります。横断幕が掛かっていたことについては、どのような状況なのか、正確には理解できませんでした。立ち退きを迫られていた人たちは、開発のために家を失ったのでしょうか。

KB　その通りです。当時、韓国には再開発の問題が山ほどありました。もちろん、いまでもそうなのですが。特にわたしが育った所は1990年代に急ピッチで開発された町でした。いまはソウルでも富の象徴として挙げられる非常に大きなビル（タワーパレス）が建っているところが、劇中のコンテナ村があった場所なんです。あのビルを見るたびにいまでも怒りを覚えます。多くの韓国の観客が、政治的でない手法で、政治的な物語を伝えたということから、『はちどり』が好きだと言ってくれました。これはあなたにとって共感できる感想でしょうか。

AB　もちろんです。まさにわたしが言おうとしていたところでした。それらすべてがどのように、個々の人生に影響を及ぼしたのかを見せてくれたんです。また、それらが橋の崩壊につながったということも。

KB　あなたもフェミニストとして、「個人的なことが、政治的なことだ」ということばは聞き慣れているでしょう。それも映画に落とし込んでみたかったんです。

AB　見事に成し遂げましたね。しかも、とても美しく。

KB　『はちどり』を観て、女性として成長する過程や女性としての経験、性的少数者に関する問題、あるいはフェミニズムの観点から、はたま

た1990年代のアメリカと韓国という、ふたつの国の間に類似点を感じ
たりしたのか、気になります。違いでも構いません。アメリカに住んでい
ると、やはり韓国の女性監督の映画は観る機会が少ないのが現状だと
思います。女性監督がつくった1990年代の韓国に関する映画を観るこ
とは、あなたにとってどんな経験だったのでしょうか。ちなみに『はち
どり』はベクダル・テスト【映画のジェンダーバイアス測定のために用いられる。テス
トではあるフィクションの作品に、最低でも2人の女性が登場するか、女性同士の会話はあ
るか、その会話のなかで男性に関する話題以外が出てくるかが問われる】に合格してい
ます！

AB　それならメダルをつくってあげないと！

BOTH　（笑）。

AB　少し難しい質問です。わたしは「女の子」だった頃、とてもじゃ
ないけど自分が「女の子であること」に耐えられなかったんです。わ
たしが育った当時、1960年代のアメリカは、女の子であると同時に人
生を楽しみ、人格を持った人間になるのが不可能な時代でした。自分
が男の子でないのはわかっていたのですが、それでも他の女の子と自
分を同一視することはできませんでした。ことばにするのは難しいので
すが、当時は「女の子を見るわたしの目」は否定的な方に近かった
と思います。幼い頃に読んだ女性に関する物語はどれも間抜けなもの
ばかりでした。そして実際もそうでした。

KB　世の中は「間抜けな少女の物語」であふれ返っています。少女
を題材に描いた「間抜けな物語」が。

AB　実は子どもの頃、わたしは男性と少年の絵ばかりを描いていました。わたしが大事だと思うカッコよくて興味深い仕事は、いつも男性がしているように思えました。言うなればわたしは…、そんなふうにわたしの女性性をすり替えてしまっていました。女性として未来に向き合うことはあまりにも苦しいため、自ら持っている女性性を無視したのです。わたしが見たあらゆる女性キャラクターのように、「ある対象」にはなりたくなかったから。幼い頃に他の女の子たちとはほとんど関係を築いたことがなく、しかも少女を描いた本も読んでいませんでした。『少女探偵ナンシー』のミステリーシリーズや、ルイーザ・メイ・オルコットの本は読みたくなかったんです。もちろん結果的に後々、『若草物語』のような作品を読むことにはなりました。それらはとてもいい作品でした。しかし、もっと幼かった頃はそんな本、つまり「女の子のための本」は決して読みたくなかったんです。わたしはなにかにつけて問題が多く、そんな意味で…。

KB　「少女による少女嫌悪」だったのでしょうか。

AB　そうです。

KB　わたしもそうでした。

AB　本当に？

KB　本当です。それらがどんなイメージなのか、よくわかっているだけに、嫌悪せざるを得ない状況でした。似たような脈絡と言えるかどうかわからないのですが、ゲイが同性愛者を嫌悪することもありますよね。

それと同じように「少女が嫌い」だったのでしょうか。

AB　その通りだと思います。内面化された女性嫌悪。およそ、そんな気持ちだったと思います。しかし、女性嫌悪にならざるを得ないのは事実でした。一体誰が、けなされる人間になりたいでしょうか。そんな間抜けなキャラクターとわたしを同一視することは絶対にできなかったのです。

KB　そこから、考えが変わったきっかけを知りたいです。

AB　大学に通いながら、自分がレズビアンだということに気づきました。システムの外に出てみると、システム全体がどんなふうに動いているのかが見えました。システムのなかでは決して見られなかったもの…。わたしはただのなにも知らない白人の中産階級の子どもに過ぎず、権力の動き方を知らなかったのです。カミングアウトをしたあとは運がいいことに、多くのフェミニスト運動家が権力に対して発言する時代と場所に属すことができました。だからフェミニズム政治学にのめり込んだんです。女性として、そしてレズビアンとしても完全な人間になれるのは、気持ちが昂ることでした。なによりも、政治化することによって自己嫌悪から抜け出せていけました。『はちどり』でウニがヨンジに、自分が嫌になったことはあるかと聞くセリフが特に印象的で良かったです。ヨンジは「うん、本当に何度も」と答えますが、それは本当に素敵な答えだったと思います。

KB　確かにそうですね。あのシーンは俳優が素晴らしい演技を見せてくれました。ほかにも、『はちどり』のなかにフェミニズム的な要素を

見つけるとしたら、どんなものがあるでしょうか。

AB　映画全体がフェミニズムの観点でつくられていますが、それは誇張されてもいないし、イデオロギー的な手法でもなかったですよね。「イデオロギー的でない」というのは、映画を特定のイデオロギーの手段として利用しているように見えなかったということ。わたしが思うに、それが『はちどり』を力のある映画にしたのでしょう。表に見える姿と隠された政治的なメッセージが共存しているようでした。

KB　韓国で女性として成長することについて、あなたが『はちどり』から学んだことはありますか。もしくはアメリカとの類似点や違いを見つけたとか。

AB　ウニの兄が平然と暴力を振るう姿に非常に驚き、とにかく衝撃的でした。もちろん、性差別を社会全般で感じてはいるものの、いたたまれない気持ちになります。あれほど若い頃から暴力が表出しているなんて。

KB　あなたが育った1960年代のアメリカと似ていますか。

AB　似ていませんね。『はちどり』に描かれていた通りだとすれば、韓国ではあのような暴力がはるかに平然と存在していたようです。アメリカでは最低限…。

KB　公にできないとか?

　　　　　　　　　　　　　　　　　　　　　　　　女性、ストーリー、創作について

AB　公に「暴力を行使すること」は容認されていません。『はちどり』で見た暴力のような例はなかったと思います。もちろん、アメリカにもさまざまな家庭内暴力が存在し、男性は絶えず女性に暴力的でした。しかし、兄妹の間で平然と暴力が存在したことはありません。男兄弟がわたしを殴るより、わたしが彼らを殴ったことのほうが多いかもしれません（笑）。

KB　『はちどり』を通じて、韓国社会について知ったことはありますか。

AB　わたしが新たに知ることになった最も驚くべき事実は、さまざまな違いがあるにもかかわらず、韓国社会がアメリカとずいぶん似ているということです。人々は似たような人生を生き、似たような感情を持ち、似たような成長期を経るということ。

KB　あなた自身とも似ている点はありますか。

AB　ウニの年頃の友だちとの向き合い方や、とてもぎこちなく、時には残酷にもなり得る友情。あの年頃を過ぎると、子どもの頃に友だちと築いた関係が、どう機能していたのかを忘れてしまいがちですよね。しかし、あなたはそれをうまく映し出していました。非常に写実的で、そしてまた正確に。

KB　教育と家族についてはどうでしょう。

AB　教育における重要性にまず驚きましたね。わたしには一度も経験のないことです。かなり熾烈に見えました。最後のシーンでは、ウニは

大学を見学しに行ったのでしょうか。

KB　いいえ、違います。あのシーンは修学旅行で地方に行くところで
す。アメリカにも、名門大学を見学するプログラムがあるのではないでし
ょうか。

AB　わたしは経験がないのですが、アメリカにもそんな学校があるかも
しれません。ウニの兄が大学を見に行っていたので、てっきり同じよう
に見学に行ったのだと思ってました。

KB　韓国では、子どもに良い大学を見せておくために、自ら見学に行
く家庭もあります。わたしが住んでいた場所は、特に教育熱とそれに
伴うストレスで悪名高い地域でした。兄が『リコーダーのテスト』を観
たあと、「ボラ、知ってるか？　俺は子どもの頃、親の仕事のことでクラ
スの子にからかわれたんだ」と言ったことがあります。それは初耳でし
た。常に模範生で優等生なうえ、全校の副会長まで務めていた兄でし
た。それなのに両親の仕事のことでからかわれることがあったなんて
…。悲しかったです。それ以降、わたしの育った町がどれほど歪んで
いたのかについて、考えるようになりました。豊かな暮らしをする人と
そうでない人たちが集まって暮らす独特な地域だったんです。実はソウ
ルのなかでも良い住居地域に挙げられるため、マンションが値上がり
する前に、その地域に引っ越したのは、わたしたち家族にとっても大き
な幸運でした。韓国の人々はそんなふうに「いまなにが起きているか」
をすぐに察知します。その地域の親は、とりわけ子どもへの教育熱が高
く、教育のために子どもをアメリカに留学させたりもしていました。

" いつも正直でなければいけないという強迫観念のようなものを感じているのですが、
そのあとで『はちどり』が個人史的なものとして刻印されるのではないかと怖くなります "

KB　作品に関して、パーソナルな質問を受けた時は、いつもどうしていますか。

AB　実はうまく対処できていないんです。ほとんどの場合、お手上げですよ。自分が作家だということも忘れて、家族の個人情報をうっかり口外してしまったり。それはおそらく、押しつぶされそうな重圧感があるからです。人々はプライベートなことをわたしから聞き出したいのだと思うんです。だから、結果的に望む答えを差し出すことになってしまいます。

KB　それで後悔しますか。

AB　後悔しますね。そうしなくてもいいと気づくまでに長い時間がかかりました。すでに、しでかしてしまっていますし、それは本にも書きました。まだ他にも暴露することが残っているでしょうかね。「あなたの家族はあなたの本について、どう思っているんですか」という人々の問いかけに答えながら、公にしなくてもいい家族の私生活を暴露してきた、わたし自身にも問題があるという事実を悟りました。もし家族がある物事に対して相反する感情を抱くのであれば、それをあえて世の中に話す必要はありません。

KB　わたしも同じような問題を経験しています。人々はパーソナルな質問をすることが多い。特にマスコミはより多くの関心を集めるために、プライベートな領域に踏み込んでくるんです。誰かと話す時は、いつも正直でなければいけないという強迫観念のようなものを感じるのですが、そのせいで結局、自分のことを話しすぎてしまう。そのあとで、『はちどり』が個人史的なものとして刻印されるのではないかと怖くなりま

す。それはわたしの望むことではないから。

AB　他の人たちに、『はちどり』が特定の視点で解釈されるのを警戒しているんですね。

KB　なので、バランスを保つように努力しています。

AB　わたしがそのような時に試したのは、物語の「内容」について答えるのではなく、質問を少し遠回しにして物語の「切り口」について、やや踏み込んで、正直に答えるというものです。

KB　あなたがつくる物語は至極、パーソナルなものですが、その「切り口」の面で見事にまとまっています。そのすべてを1冊の本に組み入れているかのようです。工芸家や楽器の演奏に長けている演奏者がするように、創作者として相当な労力を費やす必要があったのでしょう。パーソナルな質問に答えるのはいつだって大変なことです。芸術作品であるがゆえ、個人的な経験を土台にする過程であっても、結果として個人的なことを超えてしまいますよね。わたしはパーソナルな質問にうまく対処する方法を、いまだにずっと悩んでいるんです。

AB　あなたは誰かに借りなどないのですから、相手が望むものを差し出す必要はありません。

KB　ところで、あなたはわたし宛てのメールで、「わたしの家族が『はちどり』を観てどんな反応だったか」を聞いてくれました。もしかすると、このように会って対話する場を設けたいと思ったのも、その質問が

あったからかもしれません。あなたもわたしと同様、家族に関する物語を軸に作品をつくっているので、その質問は、わたしへの仕事について、そして創作者としてのわたしに対する深い共感から生まれたもののように感じられました。その質問についてもう少し詳しく、話を聞いてもいいですか。

AB　もちろん。実を言えばあなたに尋ねた質問は、わたし自身が頻繁に受ける質問であり、一方でわたしをひどく困らせる質問でもあるのです。「あなたの家族はその記憶について、つまりあなたの家族の秘密について、どう思っているのか」という質問をこれまで何度も受けてきましたから。そのため、わたし自身もこの質問について多くのことを考えなければならなかったんです。

KB　わたしも周りからそんな質問をされる時は、あなたと同じ気持ちになります。

AB　それはそうですよね。そのような質問は、作品ではなく、「わたし」に焦点を移すことになり、わたしの作品を単なる個人的な問題にすり替えてしまいがちです。

KB　それなのに、あなたがわたしにその質問をしたということは、なにか理由があるということですね。

AB　『はちどり』を観ながら、他の人たちがわたしの作品に抱いたとしたら明らかに苛立ったであろう、そんな疑問を、わたし自身が抱いたことがひどく滑稽に思えたんです。けれども、『はちどり』のどれく

らいが監督の人生を反映しているのか。つまり、あなたの経験をどれくらい忠実に再現しているのかについて考えてしまい、それがずっと頭から離れなかったんです。もちろん、作品に描写したすべてのことを作家が自ら経験したのかどうかを尋ねること自体、芸術作品に対してするべきことではないと、わかっています。ですが、そんな疑問を抱くのも当然だと思う理由は、わたしの作品づくりの過程が、あなたと同じ工程を踏んでいるように思えるからです。わたしの作品では、わたしの人生を切り取っている。人生は「生きているもの」ですが、それを有機的でありつつ、形を整え、巧みに構成された物語につくり上げるプロセスはとても興味深いものがあります。なぜなら人生そのものは物語にならないからです。人生はただの「偶然の連続」に過ぎませんから。

KB　確かにそうです。

AB　わたしが『はちどり』で見たもの、それは偶発的な人生のかけらでした。しかし、それらはとても正確であり、同時に意味のある人生の断片がぎっしりと詰まった場面ばかりでした。絶え間なく繰り広げられる人生のかけらを集めて見事に練り上げ、意味のあるストーリーに変化させたということに感嘆しました。だからあなたがどれくらい自分の経験に忠実だったのかが、気になりました。あなたの映画が、自伝的な経験に基盤を置いているというレビューや記事をいくつか読みました。少なくともあなたの家族が、劇中の家族と似ているはずだという仮定のもとに、自身の過去をさらけ出す物語を家族はどう受け入れたのか、知りたかったんです。なぜなら、家族について公に話すことは、社会的にあまり好ましいものではありませんから。

KB　そうですね、まったくもってその通りです。

AB　しかし、あなたは家族について真実を包み隠さず、ありのまま見せてくれました。だからこそ気になったんです。どうして、そんなに勇気を出せたのか。

KB　当時、わたしは自分がなにをしていたのか、よくわかっていなかったようです。もちろん不安でしたけどね。正確に言えば、釜山での初上映会までは不安ではありませんでした。

AB　それはいつ頃だったのでしょうか。

KB　去年の10月です。釜山での初上映会にあたり、家族を招待しなければならないので、それで不安になり始めました。そこで家族には、釜山はソウルからだと遠いし、来なくていいと伝えたんです。それはもちろん、わたしが不安だったからです。とにかく、家族を招待するのは気まずくて。しかし結局、家族は釜山に来ることになりました。しかも、母はすでに『はちどり』を3回も観ていました。あとで母に聞いたことなのですが、父はソウルで開かれた上映会で終始、泣いていたそうです。その日は家にも帰らず、仕事場である、自分の事務所で一夜を明かしたのだと…。それを聞いて、なんと言えばいいのかわかりませんが、正直、切なくなりました。父がなぜそうしたのか、わたしにもわかる気がしたからです。その日の夜、父からスマホにメッセージが届いたんですが、映画がとても良かったということばのほかに、驚いたことに「もう少し悲しさを強調して表現できたのに、淡々と描いたんだな」と感想が書かれていました。

AB　わあ…。

KB　それは、なにより感動的でしたし、父がとても凛々しく思えました。父はもともと芸術家気質と言えるようなところがありました。他にも、冒険心が強い性格だったり。それでもとにかく驚いたんです。なぜなら、家族のうちの誰かが「一体、なぜそんな作品をつくったんだ」と、わたしを責めるかもしれないという気持ちの方が大きかったから。しかし誰ひとりとして、そんなことは言いませんでした。

AB　驚きました。

KB　家族は大喜びで、全員がわたしを応援してくれたんです。姉だけが少し違う反応を見せてはいましたが。他にもいろいろと言えない事情も多いので、これ以上はここで話すことではないかもしれません。

AB　わかりました。いまのあなたのようにプライベートな話との境目について学び始めることは、大事なことです。

KB　ところで、あなたの作品にも家族や友人、過去の恋人が多く登場していますよね。兄弟、姉妹、母または周りの友人は、私的な物語をグラフィックノベルにすることについて、どんな反応だったんでしょうか。全員、喜んでくれましたか。

AB　そうはいかなかったですね。わたしを含めて人はみんな、それぞれ違い、同時にアンビバレンスでもあります。わたしにとって作品をつくる過程は、家族のなかに飛び込んでいき、真実を見つけて語ること

です。それはもう一度、家族とつながろうとする一種の試みでもあるのですが、同時にその反対でもあります。つまり、なにが言いたいかというと、創作に没頭するということは、わたしの人生やわたしを取り巻く人々から離れて、たったひとりで複雑な過程のなかに自分を没入させることで、結果的にその最中は、現実の世界には関心を向けなくなことでもあります。そのような意味において、わたしの作業過程はかなり複雑な体験だと言えますね。いま、手がけている作品では、そのことについて語るつもりなんです。人生を文章に落とし込むことがわたしの創作であり、情熱であり、使命なのだと。しかし、同時にそれは一種の逃避でもあるのです。

KB　そうだと思います。「わたしの経験に『はちどり』がどれくらい忠実だったか」というあなたの質問に、正直なところ、「正確さ」の観点で答えるのは難しいです。しかし、わたしの個人的な経験と深く関わっているということは、はっきり言っておきたいですね。わたしの家族の縮図を引用し、また映画に登場するいくつかのキャラクターの性格は、実在する人物から形成されています。学生時代に友人の母親から「あの子は餅屋の娘でしょ」と実際に言われたことがあるんです。劇中セリフの多くは、わたしの体と心に長い間、残っていたことばなんです。しかし結論から言えば、映画自体は結局はフィクションです。知っての通り、いくつもの偶然の事件を組み立てて作品を作るのは容易なことではありません。わたしは経験を完成度の高い映画というフォーマットにするために努力してきましたが、その結果として出来上がった作品は、個人的なものというよりは、フィクションにしかなり得ないのです。

AB　そうですね。おっしゃる通りです。

KB　つまり、『はちどり』は個人的な経験を反映したのかと聞かれたら、わたしの答えはいつも「イエス」でもあり、「ノー」でもあるということです。『はちどり』の物語は個人的であると同時に、集団的でもあり、もしくは虚構的でもあります。

AB　作品が完成するまでの間、あなたの家族は、あなたがどんな作業をしているか、知っていたのでしょうか。あなたの創作過程を家族に話したことはありましたか。あなたの家族が『リコーダーのテスト』を観たのかが気になります。

KB　実は、家族を全員『リコーダーのテスト』の上映会に招待しました。上映が終わったあと、家族で一緒に食事をしたのですが、食事中はずっと長い沈黙が続いていたんです。でもそれは、ぎこちないというよりはどこか美しく、家族で作品を共有したことで「互いへの理解」がもたらされたかのような沈黙でした。

AB　わあ…。

KB　表現が難しいのですが、家族全員が経験したことを共有できている空気が確かにあったんです。そして、これまでのお互いを許し合えるかのような空気も漂っていました。すると突然、父が「俺はお前の母さんがいるのに、浮気なんかしなかった」と冗談を言い始めたんです。それで全員、笑っていました。

AB　（笑）。

KB　わたしは「お父さん、あれは映画なんだから」と答えました。『リコーダーのテスト』には実話でない部分も含まれていましたから。そのあとも、わたしたちは食事を続けました。お互いに、多くのことを話したわけではありませんが、食事を終えるまで非常に温かい雰囲気で、とても素敵な時間を過ごしたんです。

AB　映画が完成するまでの間に、家族と一種の和解ができたのですか？　それとも作業をしている間はずっと葛藤が続いていたのでしょうか。

KB　わたしは18歳の頃から瞑想をしてきました。瞑想を始めるにはかなり若い年齢だったのですが、後先を考えず家の近くの瞑想センターを訪ねたんです。瞑想センターの人たちは、たいていわたしより、はるかに年上でした。そして、どうしてわたしがそこに通っているのかを、みんなは知らなかったと思いますが、わたしをとてもかわいがってくれました。そこにいると落ち着けたんです。それ以来、瞑想と心理学、トラウマに関する本を読み漁るようになって、次第に家族に対して怒りを覚え始めました。それ以前の中学生の頃はそんなことはなかったんですけどね。当時は家族とケンカができなかったんです。高校生になり、また大学生になるにつれて、家族への怒りがこみ上げてきました。その頃、家族はわたしのことを「悪い女」と呼んでいました。わたしは耳が痛くなるようなことばかり話し、家族を追いつめる悪い子どもでした。ところが20代半ばを過ぎた頃、父がわたしに謝ったんです。父はわたしたち兄妹を育てていた当時、自分がどれほど若かったかについて話し出しました。「自分もあの頃は子どもだった、若かった」と。いま、わたしを育てていた頃の両親の年齢になり、父のことばの意味がようやく理解できます。もしいま、わたしが3人の子どもを育てながら苦しい

仕事を続けなければならないとしたら、わたしは両親以上の親になれるのか、確信が持てません。

AB　それはわたしもわかります。

KB　父はそのあと、何度もわたしに謝って、最後は、もう謝らなくてもいいからとわたしが止めるほどだったんです。父とは過去のことについてよく話し合いましたから。妙に思うかもしれませんが、家族のなかで父が一番親しい話し相手なんです。父と話をするなかで、結婚に対する父の考えもたくさん聞きました。「結婚は情熱ではなく、献身だ」「家族になる人たちと一緒に将来を切り拓いていくという、ある約束のようなものだ」とも。父から学んだことはとても多いんです。『リコーダーのテスト』を撮っていた頃は、すでに家族と和解し始めていました。もちろんすべてが丸く収まるような和解ではありません。両親との和解は続いていく人生の旅のように死ぬまで終わらないのだと思います。家族との関係という旅の始まり、そしてその始まりから、父との対話を通して短編映画を誕生させたんです。『リコーダーのテスト』を観たあと、兄から謝罪のメッセージが届きました。それはわたしにとっては大きな意味のあることでした。

AB　わあ…。

KB　まるでわたしの肩の上にあった大きな荷物が、雪解けのように消えていくような感覚でした。しかし、兄から携帯メッセージを受け取ってから、すぐに憂鬱な気分になったのには自分でも驚きました。それまで抱いていた兄への恨みや悔しさが、あたかもわたしの一部のように

なっていたので、メッセージを受け取ったあと、わたしのなかの一部が死んだことを自覚して、トラウマから抜け出し、新しく生まれ変わらなければならなかったんです。

AB　消えたあなたの一部を追悼する必要があったのでしょうか。

KB　そうなんです。たとえ、それが良くない記憶やトラウマであっても。

AB　自身のアイデンティティを形成している一部でもあったと。

KB　けれど、そうして自分自身の一部だと思い込んでしまうと、自分にしがみつくことになりますよね。その経験から、わたしは多くのことを学びました。『はちどり』の脚本を書き始めたあと、家族とわたしの物語を拡張するために、より視野を広げるようになったんです。

AB　瞑想の経験が、家族と向き合える距離感をあなたに与えてくれたようですね。

KB　そうかもしれません。大学を卒業し、フェミニストの友人とグループ治療を受けたんです。フェミニズムを通じて、男性中心的な社会について改めて考えながら、わたしが抱えているトラウマは、わたし個人の過ちではなく、男性優越主義（Machoism）と家父長制によるものだったと知りました。フェミニズムと瞑想にはずいぶん助けられましたね。フェミニストの友人とは、一緒に家族史を書いたんです。好きな両親の面や、一方で嫌いな両親の姿まではっきりと。他にも避けたいはずなのに、無意識のうちに似てしまう、後世に残したくない言動を書き出して、リス

　　　　　　　　　　　　　　　　　　　　　女性、ストーリー、創作について

トをつくってみたりしました。そうすることで両親について、わたしが誰なのかについて、深く考えられるようになりました。そしてその過程で、両親から受け継いだ多くの長所がいまのわたしにもあるという事実にも気づいたんです。それまでは両親をただ憎悪するだけでしたから。両親がわたしに与えてくれた良い影響に気づけたことで、家族について考えるフラットな視点を得ることができました。たとえば、大人になってから振り返ってみると、昔、両親はしょっちゅう夫婦ゲンカをしていたにもかかわらず、幸せだったと思うんです。いまも一緒に幸せな老年期を過ごしているのですが、両親はわたしが子どもの頃から、仕事を終えて家に帰ってくると、テーブルに座り、よく会話をしていたんです。その会話は、夜遅くまで続くこともありました。

AB　とても素敵なことです。

KB　そう思います。わたしは両親のそんな姿は、どの家庭も一緒だと思っていました。

AB　そんな両親は珍しい。

KB　確かにそうですね。両親は会話の多い夫婦でした。一緒に仕事をして、1日の大半を一緒に過ごしていました。だから、ケンカをすることが増えたのかもしれません。わたしは目を背けてきましたが、頻繁にケンカをして、苦労しながら生きてきたことによって、両親の人生には美しい瞬間がたくさんあったのだと思います。そしてわたしにも、ようやくそれが見えてきました。このような家族関係における探究と自覚が『リコーダーのテスト』と『はちどり』をつくる上で大きな助けになった

と思います。あたかも、キャラクタースタディーをするかのように、両親
や姉、兄を知ることに多くの時間を費やしたんですが、とても良い経
験になりました。

AB　『はちどり』であなたが両親を決して悪者のように描かなかったの
が印象的でした。ウニの両親は、彼女を無視して放置していました。
しかしながら、ウニのことを見る瞬間がある。母がウニにじゃがいもの
チヂミをつくってあげる場面が特に印象的でした。「じゃがいものチヂ
ミをつくる」という行為は、母親による大きな愛の表現だけでなく、『は
ちどり』で初めて母親がウニを見つめる瞬間だった気がします。

KB　その通りです。それはわたしの意図でした。あなたの作品のキャ
ラクターも似ているところがあります。作品に登場する人物は、いずれ
も多面的ですよね。決して一次元的ではない。

AB　それが核心です。作品のなかで、どんなことであれ真剣に語ろう
とする人を一次元的に描くことはできません。

KB　そう思いますね。

AB　わたしにとって家族を書くことは、文学的で美しい営みでありなが
ら、心理的な営みでもあるんです。家族に対して抱いてきたわたしの
感情を見つめなおす必要があるだけでなく、キャラクターとしての家族
と同じまなざしが必要だったからです。幼い頃は、家族が抱えていたス
トレスをさっぱり理解できなかったのですが、いまになってやっと理解
できます。もちろん、成人になったあともすべてを理解するのは難しい

　　　　　　　　　　　　　　　女性、ストーリー、創作について

でしょう。きっと、多くの人が両親を非難するばかりの感情の沼に陥って
しまい、両親の良い点を見つけることで得られる恩恵を享受できてい
ません。

KB　いまその話を聞いて思い出したんですが、『Are You My Mother
?』の最後の文章が大好きなんです。

AB　どうやってわたしの母が「出口」を見せてくれたのかについて？

KB　そうです。「出口」ということばに込められたものが。

AB　周りからは、「それはどういう意味なの？　何の出口なんだろう」と
よく聞かれるんです。それに対してわたしは、「さあ。ただの出口だよ」
と答えています。

KB　説明は要りません。そのことばがあるだけで十分です。

AB　同感です。わたしは両親が、わたしを船の外に放り投げたと思っ
ているんです。自分たちがあまりにも疲れていたから。

KB　自分との闘いで？

AB　そうですね。感情的なもの、自分との闘いだと言えるかもしれませ
ん。いずれにせよ、両親は船の外に救命胴衣も投げてくれました。そ
の救命胴衣とは書くこと、描くこと、そして、この世界の見つめ方です。

KB　（涙を流しながら）泣いてしまいましたが、驚かないでください。

AB　急に涙を流すなんて！　驚きました。

KB　昨日からあなたと話しながら、とても感情的になったんです。しかし、もともと感情的な傾向が強いので心配しないでください。わたしが泣いても会話を止める必要はありません。

AB　実は『はちどり』で「泣くこと」に関するシーンも非常に興味深かったんです。わたしの記憶が間違っていなければ、劇中で泣いた登場人物は父と兄だけでした。つまり、男性中心の社会では女性だけでなく、そこに属する全員を傷つけることになってしまう。あなたは映画を通じて、どこにも偏らない方法で、とても自然にその事実を見せてくれました。

KB　それがわたしの意図でした。いまは父と兄のことを心から愛しています。だから、ふたりを悪人として描写したくなかった。兄が経験せざるを得なかった学業のストレスや、ソウルという場所で家長として生き残るために父が感じた重圧のようなものを理解したかったんです。田舎出身の両親がソウルで暮らし、収入を得ることは大きな苦労を伴ったと思います。わたしは大人になっていく過程で父が泣いている姿をよく目にしました。反して、母はあまり泣くことはありません。姉の結婚式でも父は号泣していたんです。式場で新婦の介添人に「娘の結婚式でこんなに号泣するお父さんは初めて見ました」と言われたほどです。一方で母はクールに「罪悪感があるから泣くんだわ。娘が幸せになるのに、一体なんで泣いてるの？」と話していました。もちろん、母は冗

　　　　　　　　　　　　　　　　　女性、ストーリー、創作について

談を言ったわけですが、ふたりの人となりを、正確に物語ってくれる場面でした。

BOTH　（笑）。

KB　父は母より、はるかに感情的な人間です。それも興味深い、ふたりの違いですね。男性中心社会に話を戻すならば、女性も男性も家父長制の被害者になるというところは、わたしもまったく同じ考えです。

AB　『はちどり』のなかで、ウニの伯父が自殺しましたよね。

KB　死の理由については明確にしませんでした。

AB　そして、母親が実の兄である、ウニの伯父の学費を工面するために、働かなければならなかったということも語られていました。もしかして、それも実話なのですか?

KB　そうなんです。伯父が亡くなる数日前、わたしの家に訪ねてきたのは事実です。あの時、伯父になにかが近づいていると感じたのを覚えています。忘れられない夜でした。伯父がなにを話したかは正確に覚えていないのですが、男の「きょうだい」は女の「きょうだい」に対して、常に罪悪感のようなものを持っていたようです。ウニの伯父の場合、妹が金銭的な事情で学校に行けなかったこととか。わたしの兄もやはり、わたしに罪悪感を持っていたみたいです。頼んだ覚えはないのですが、『はちどり』をつくる時に、兄が金銭的な支援をしてくれたんです。それを断らないことが、兄を喜ばせることだとわかっていたの

" 子どもの頃の日記帳をめくりながら、
そこに書かれていないものまで見つけることができたんです "

で、受け取っておきました。兄は成績が良かったので両親の関心を独り占めすることにはなったものの、もう少し深く考えてみると、兄はそのように両親から愛されることに対して、困惑していたのではないかと思います。

AB　まるで、あなた自身とあなたの映画をつくっていく過程が、家族を和解させたように思えます。それとも、これはただのわたしの幻想に過ぎないのでしょうか。

KB　そういった部分も大いにあると思います。家族にとって、わたしはいつも家族の真実を暴こうとする「悩みの種」でした。いずれにせよ、わたしはその役割を受け入れ、家族の歴史とトラウマに踏み込んでいき、話し合う場を設けたんです。その過程で家族を無情にも追いつめたことは後悔しているのですが、当時のわたしには余裕がありませんでした。

AB　そうだったんだと思います。

KB　ある面でわたし自身、あるいはわたしの映画をつくっていく過程が、家族の距離を縮めたのはたしかです。兄がわたしに、「すまなかった」と携帯メッセージまで送ってきたのですから。誰でも自分の姿が反映された映画を観れば、過去の出来事について改めて考えないわけにはいかないはずです。兄にとっても、非常に熾烈な経験だったと思いますね。

AB　わたしの家族のうち、誰かがわたしについて書くことは想像すら

できません。わたしが母や父について肯定的に書いたとしても、それ
は侵害になってしまう。家族を物語の登場人物にするためには、人物を
単純化し、れっきとした人格の一部を削ぎ落としていくしかありません。

KB　そのような意味で、わたしの家族が仕事を理解してくれて、また映
画づくりを支援してくれたことに心から感謝しています。円熟した家族
なんです。いまになって家族を本当に愛していると言えるのは、単にわ
たしの生物学的な家族だからではなく、愛すべき人たちだと感じられ
るからです。正直なところ、わたしは血縁をあまり大事だと思っていま
せん。ひとえに認め合い、安らぎを感じる時に本当の家族だと思えます。
わたしが子どもの頃は、家族に守られているという感覚はありませんで
した。しかし最近は家族から、実に多くの安らぎを得ている気がします。

あなた自身とあなたの創作過程について、もう少し聞きたいことがあり
ます。質問はふたつ。まず、あなたの「個人的な物語」をどのような
プロセスを経てストーリーに仕上げるのか。なにか特別な方法があるの
かが気になります。あなたは日記帳を見せてくれましたが、それをグラ
フィックノベルにつくり変える方法とでも言いましょうか。ふたつめは、『ファ
ン・ホーム　ある家族の悲喜劇』以降、あなたの人生がどんなふうに
変わったのかについてです。あなたも作品を通して過去と和解できた
のでしょうか。

AB　まずひとつめの質問ですが、はじめは当然、なにも知りませんで
した。なにをどうすればいいのか、誰も教えてくれなかった。文章の書
き方や漫画の描き方を習ったこともありません。最近でこそ、漫画創作
の専攻で修士号を取得することもできますが、わたしが子どもの頃、漫

画は学ぶものではありませんでした。だから、他の人たちの創作過程をたくさん見ることにしたんです。そのうちのいくつかは興味深いものでしたから、それを真似ようとしました。

KB　最もインスピレーションを受けた作品は何でしょうか。よかったらいくつか教えてください。

AB　最もインスピレーションを受けた本は、ホロコーストを描いたグラフィックノベルです。アート・スピーゲルマンの『マウス－アウシュヴィッツを生きのびた父親の物語』。1980年代中盤、わたしがまだ20代だった頃、初版が発売されました。この作品は当時、漫画界の構図を塗り替えただけでなく、わたしが漫画を読む観点にも多大な影響を与えました。スーパーヒーローやバカげた動物の物語でなく、真摯で大きなテーマを漫画で描けるきっかけを与えてくれたんです。その頃、漫画を描きながら、漫画界の大きな変化を経験したこと、そしてストーリーテリングの進化という流れの一部になれたことは大きな幸運だったと思います。わたしが育った当時、漫画は低俗で劣った文学のジャンルに過ぎなかったんです。いいえ、「文学」ということばを漫画に付与することさえしませんでした。反面、近年では漫画が真摯に扱われていますよね。このような変化の過程が「わたしの物語」を伝えられる土台になりました。

19歳で父の「とある出来事」が起きた直後から、わたしは父のことを語りたくなったんです。この物語を伝えるべきだという一種の使命感を持ちました。父の隠されたジェンダー・アイデンティティーや自殺といった事件が、わたしの人生と強く結びついていると感じたからです。そし

て、父だけでなく、わたしも小さな村に住む性的少数者だったという事実、そこから父とわたしの人生がまったく異なる軌跡を辿ったということも、やはりその物語を重要なものにした気がします。父は死を選びましたが、私は開かれたレズビアンになりました。当初はただ散文形式で本を書くつもりだったんです。しかし、恐怖が邪魔をして試すことさえできませんでした。父が男性と不倫関係にあり、また自殺に至った事実を決して語れなかったのです。しかし、しばらく経ってからようやく、「それでもまだ、そのことについて語りたい」と思っていることに気づきました。その頃、わたしはすでに漫画家であり、漫画は「わたしを語るひとつの手段」になっていたんです。そのようなわけで、自然に漫画を通して語るようになりました。

KB　「使命感」ですね。わかる気がします。『はちどり』をつくっている間、わたしもそう感じていました。「さあ、映画をつくることにしたから、どんな物語を伝えるか、考えてみようか」ということではなく、「どうしても伝えたい壮大な物語があるけれど、これをやり遂げられなければ、わたしはおかしくなってしまうだろう」という思いに近いです。

AB　作品を完成させて、「おかしくなってしまいそうな」感じは解消されましたか。

KB　100パーセントとは言えませんが、だいぶ気持ちが軽くなりましたね。人生を懸けて使命を果たした気分です。あなたもお母さんに関する本を書きながら、そう感じたのでしょうか。そしてそれもまた、もうひとつの使命のように感じたのでしょうか。

AB　そうですね。とはいえ、その作業は、明確にきっぱりとは定義でき
ないところがあります。いまだによく理解できていないかもしれません。
それでもその物語は、必ず世に出すべきものなのだと感じていました。
父のことを書くことによって、明らかになにかが変わったんです。成人
して以来、ずっとわたしの人生につきまとっていた父の幽霊が消え、や
がて解放感が訪れました。母に関する本を書きながら、似たような経
験ができることを願ったんです。そうしてほとんど機械的に母を自分の
頭の外に追い出そうとしていましたから。

KB　『Are You My Mother?』以降は、より身軽になりましたか。

AB　残念ながら、そのようなことはありませんでした。あなたには、ま
だ話していないことがあります。その本については長い間、相反する
ふたつの感情を持っていたんです。6年、7年が過ぎてから、ようやく
その感情と和解できたと思います。

KB　どんな理由からだったんでしょうか。

AB　父親の本とは違う評価を受けたことが大きいかもしれません。読
者は少なく、そっぽを向かれた本でした。おそらくそれは、作家の運
命なのです。ある作品は歓迎されますが、ある作品はそうではないと
いう事実。作品が比べられるのはとてもつらいことですから。

KB　どんな気持ちなのか、想像もつきません。

AB　それが作家の人生でもあります。そして、受け入れ方を学ばなけ

ればなりません。わたしもいまだに、受け入れて理解するための努力
を続けています。いまにして思うのは、人々は父と母という、互いに異
なる対象について、つまり「男性の物語」と「女性の物語」に異なる
反応を見せるということです。わたしの母に関する物語は少しばかり複
雑で、難しかったのかもしれません。

KB　それは開かれた結末だったからなのでしょうか。

AB　開かれた結末でありながら、曖昧模糊とした作品でした。それが
「良くない物語」だという意味ではないにもかかわらず、ストーリーが
否定的だということに気づき、わたし自身もそれを内面化させてきたの
だと思っています。しかし、不明瞭でわかりづらいからといって、悪い
物語なのではなく、それが長所になり得ることをいまになってようやく悟
りました。

KB　『ファン・ホーム　ある家族の悲喜劇』が成功したあとはプレッシ
ャーを感じましたか。

AB　もちろん、感じましたね。人々はどうやってそれを乗り越えている
のか。あなたも、これから乗り越えていかなければなりません。

KB　それはどういうことなのか、もう少し詳しく話してもらえないでしょ
うか。

AB　わたしは「成功する」ということに対して、これまで考えたことも、
意欲的だったこともありません。『注目すべきレズ』シリーズで小さな

成功や関心を得ることはありましたが、ゲイカルチャー、つまり非主流文化という枠組のなかでの成功と関心を得た程度でした。わたしはそこに満足していましたから。

KB　メインカルチャーとしての成功に慣れていなかったということですか。

AB　そうです。成功の基準点さえ知らずにいたのです。わたしはなにかの賞をもらうとか、受賞の候補者になるとか、そういったことにどんな意味があるのかも知らなかった。すべてがただただ驚きの連続で、すべてが心躍る冒険のように思えていました。だからなんの期待もしていなかったんです。ところが、『Are You My Mother ?』が出版され、今度は候補に上がらないことがわかると、「なんだ。前回、受賞候補になった時、思いきり楽しめばよかった」と思いました。

KB　よくわかる気がします。いまはわたしにも同じ恐怖があるんです。

AB　恐れる必要はありませんよ。良い作品をつくる人は、誰でも乗り越えなければいけないことでもあります。あなたはこれから、また新しい良い作品をつくるべきです。人々が...。

KB　期待するもの？

AB　そうです。期待。『ファン・ホーム　ある家族の悲喜劇』を書いた時は、誰がこの本を読むのか、誰がレビューを書くのか、まったく考えなかったんです。ただわたしのためにつくった本でした。ところが、強い関心を向けられて以来、わたしは注目されています。そして、人々がわたしを待って

いると感じました。それが最も苦しかった。誰かに肩越しからずっと見下ろされている気分で、まったく仕事に集中できませんでした。

KB　それでも『ファン・ホーム　ある家族の悲喜劇』を終えて希望に満ちた思いはあったのでしょうか。たとえば、過去と和解できたとか。

AB　そうですね。とてもうれしかった。

KB　しかし、お母さんについてはなにか吹っ切れないものがあったのではないでしょうか。だからこそ、他の作品をつくる気持ちになれたのですか。

AB　そうですね。しかし不思議なことに、母について書いた本のなかに、わたしが父について本を書くという内容が含まれていたんです。

KB　もし、2冊目の本（『Are You My Mother ?』）が1冊目の本（『ファン・ホーム　ある家族の悲喜劇』）より、はるかに成功していたら、どうだったでしょうか。

AB　良い質問ですね。認められること自体が非常にうれしいことですから、一概には言えません。それでも「認められること」こそが核心なのではないでしょうか。それはつまり、「見てもらえる作品」になったということです。『ファン・ホーム　ある家族の悲喜劇』が認められたのは幸運でした。注目され、また良い評価も得ることができました。もちろん、その成功を可能にした最大の理由は、時期にあったのだと思います。ゲイやレズビアンの物語が普遍的な共感を得られるようになったの

250　　　　　　　　　　　　　　　　　　　　　　　　女性、ストーリー、創作について

は、当時の新しい傾向でした。もし『ファン・ホーム ある家族の悲喜劇』
がもう少し早く世に出ていたのならば、人々の反応は違っていたかもし
れません。また、わたしがもっと若い頃だったら、決して本は書けなかっ
たと思います。きっと誰も読まなかったでしょうから。

KB　とても共感できます。『はちどり』も時期的に運が良かったんです。
昨年の釜山国際映画祭では上映作品のうち、女性監督の作品が初め
て半分を占めました。多くの人が驚き、「女性映画の新しい流れ」と
言われました。そのような試みはこれまでもあったのですが、韓国では
数年前からフェミニズムの大きな転換期を迎えている点で異なります。
わたしが『はちどり』のシノプスを書き始めたのは2012、2013年頃な
ので、これまでのすべてのことが、偶然の一致と言えますね。時期には
限りなく恵まれていました。それでは、お父さんとお母さんのうち、結果
的にどちらがあなたの作品に、より多くの影響を与えたと思いますか。

AB　ほぼ同じくらいだと思います。『ファン・ホーム ある家族の悲喜劇』
にわたしが子どもの頃、靴を片づけた逸話を描写した場面があるんで
す。わたしはいつも靴を左右、正確に対称に並べるよう気を配ってい
ました。片方は父で、片方は母だと思っていましたから。わたしは両
親がちょうど同じくらい、わたしに影響を与えたと思っています。

KB　「個人的な経験」を「開かれた物語」へ広げていく過程について、
もう少し詳しく話してみたいです。何か秘訣はあるのでしょうか。最も誇
れる、自身の方法や強みは何でしょう。たとえば、記憶力がいいとか。

AB　正直わかりません。自分を誇りに思うことは、わたしにとって非常

に難しいことです。作業の過程では、いつも大海原にいるような気がしています。これまで一度も、作品が満足にできていると確信を持てたことがありません。むしろ、それがわたしの言いたいことでもあるんです。つまり、自分に確信を持ってしまうと、なにか大事なことを見逃してしまう。常に自分を疑って問い返すべきなのではないでしょうか。

KB 「自分を疑え」ですね。確かにそうかもしれません。

AB もちろん、疑うことは悩ましいことです。それはとても難しいことだから。

KB わたしも同じように考えています。多くの人が、これは良いシナリオだからすぐに撮影を始めるようにと言ってくれた時も、「どんなふうにつくるべきか」と、自問することを止められませんでした。また、「この物語は誰かにとって意味があるものなのだろうか」といった問いかけも、簡単に拭えませんでした。そのように考えたことはありますか。

AB 驚くほどにわたしも毎日、そう考えています。それがわたしの原動力であり、面白い物語をつくるために努力する理由でもあります。とても大事な問いだと思います。

KB 多くの人に愛される本を世に出したことで、あなたの個人的な経験が、大切な物語になると認められましたよね。それによって状況が変わったことはありますか。それとも依然として、変わらないままでしょうか。

AB それはまったく大事なことではありません。あらゆる作品が新しい

始まりなのです。

KB　たとえば、日記を書くこと以外で過去の記憶を蘇らせる方法はありますか。どのように記憶を掘り集めているのでしょうか。

AB　（じっくり考えながら）人生そのものに、すでに物語があると信じています。わたしの役目は、ただそれを見つけ出すこと。「大理石の塊のなかにすでに彫刻がある」というミケランジェロの表現とも似ている。それは創造ではありません。物語はただそこにあって、わたしはそのなかから、「物語でない部分」を取り除けばいいだけです。『はちどり』を観ている間に、ずっと好きだったヒッチコックのことばを思い出しました。「ドラマとは、人生のつまらない部分を削ぎ落としたものに他ならない」ということば。ところが、あなたはその「つまらない部分」を大切にそのまま残したんです。たとえば家族が2分間もなにも言わず、座って食事をしている場面のような…。あなたはその時間をカメラに、そのままの状態で収めた。それが本当に素晴らしかったと思います。

KB　ありがとうございます。

AB　それにそんな時間には、大きな響きがあるんです。美しい余韻を残すのに、適切な長さでしたから。

KB　そんな平凡な時間が好きなんです。もっと短くするべきか、そのまま残しておくべきか、ずいぶん悩みました。多くの箇所で推敲と決定が必要でした。

AB　あなたがさっき話してくれた、家族と『リコーダーのテスト』を観たあとに食事を共にしたという、その「静かな食事」を想起させるシーンでもありますよね。ともかく、物語は人生の経験のなかにあり、それを見つけ出さなければならないというのが、わたしの考えです。『ファン・ホーム　ある家族の悲喜劇』では、そんな物語を見つけ出すことに成功しました。制作当時、子どもの頃の日記帳をめくりながら、そこに書かれていないものまで見つめることができたんです。当時、わたしの家族にどんな出来事があったのか。子どもの頃、ある特定の時期に驚くべき出来事が一気に押し寄せたことがありました。父が誰かと一緒にいる様子を目撃してしまったこともあって。

KB　それは浮気相手ですか。

AB　若い男性でした。その頃母は、同性愛的な欲望を間接的に表現した、オスカー・ワイルドの演劇に出演していて、それくらいの時期にわたしは初潮を迎えました。社会的にはウォーターゲート事件が起きた頃で、誰もが嘘をつき、真実を隠すことに忙しかった。しかしわたしは、自分に起きた当時のすべての出来事が同時期だったという事実を忘れていたんです。子どもの頃の日記帳を読み返したあと、やっとそのすべてが、2か月余りの間に起きていたことに気づきました。不思議なシンクロニシティとしか言いようがありません。

KB　「不思議なシンクロニシティ」という表現がとてもいいですね。わたしも自分の人生について同じように考えたことがあります。わたしが中学生の頃、韓国で橋が崩落し、北朝鮮の指導者が死に、わたしは病院で手術を受けました。

AB　手術の痕が見えますね。本当に不思議です。

KB　俳優のひとりに「監督、本当に手術の痕があるんですね。それを見て、とても勇敢な方だと思いました」と言われたことがあります。もちろん、一種の事件性を示す、サブプロットとして病院のシークエンスを入れたんです。内面の痛みがどんなふうに肉体的な兆候として発現するのかについても伝えたかったし、「しこり」が亀裂の象徴になると考えました。そして、病院にひとりで行ったのは実際の記憶に基づくことでもあります。

AB　そうだったんですね。

KB　多くの人が、子どもがひとりで病院に行ったという事実に驚きます。わたしは「病院は誰でもひとりで行くものじゃありませんか？　どうして他の人を連れて行かないといけないんでしょうか」と答えたものでした。わたしは本当にそう思っていたし、それが悲しいことだという自覚もなかったんです。でも、わたしは多くのことを自分でしなければならなかったので、強い子に成長したのだと思いますね。もちろん、保護してもらうことと自立することの間にはバランスが必要ではありますが。ゆえに、わたしにとっても1994年は非常に映画的な年でした。創作者であれば、誰もが「偉大ながらも不思議なシンクロニシティ」を見出すべきなのかもしれませんね。

AB　実際に起きたことだと知ってうれしくなりました。それらは、「創作すること」は不可能です。人生そのものが最高のストーリーテラーと言えます。

KB　確かにそれに勝るものはないかもしれません。病院のシーンを書いたあと、「小さな女の子が病院に行く話に、一体誰が関心を持つのだろうか」と、悩んだりもしました。それも、癌にかかったわけでもないのに。そうこうしているうちにグラフィックノベルを1冊、読むことになったんです。それは疾病に関するフランスのグラフィックノベルだったのですが、読んだことはありますか。

AB　ダビッド・べーの『発作』のことですか？

KB　いいえ、違います。確か、女性作家の本だったような気がします。

AB　どんな物語だったんですか。

KB　タイトルは思い出せません。作家が疾病を経験する過程を描いた物語で、彼女が病にかかったことに気づくまでの長い道のりと薬物治療を受ける様子が描写されていました。それも、とても詩的に。それ以来、多くの作家が自身の病をモチーフに書いていることを知りました。エロディ・デュランの『私の人生の括弧』、他にも、マリーナ・アブラモヴィッチのビデオアート作品のなかに、入院することによって自身の「不遇な家庭（機能不全家族）」から抜け出せて喜んだ幼少期の記憶を回顧するシーンがありました。

AB　『はちどり』でもそのようなシーンが際立っていました。にぎやかなおばさんたちと一緒に病室にいるのをウニは楽しんでいます。

KB　その後、疾病と芸術、そして成長談の間の共通点を見つけたんで

す。だから、病院のシーンをそのまま本編に使うことにしました。その
自身の決定への充足感と、人々がその意味を理解してくれるのをうれし
く思います。友人のひとりが「いま、ひとりで病院にいて、ウニのこと
を思い出す」と冗談を言ったりもしました。あなたの仕事の話に戻りま
すが、あなたはその「不思議なシンクロニシティ」を見つけ、それぞ
れの事件をつなぎ合わせようとしたのでしょうか。

AB　母に関する本を書いている時は、『ファン・ホーム　ある家族の悲
喜劇』と同じ手法を使おうと思ったのですが、その時期には鍵となる
事件をまったく見つけられないことに気づきました。もっと大胆にいくつ
かの事件を結びつけるべきだとも思ったのですが、結局はそうしなか
ったんです。それらの事件に無理にストーリーを加えたくなかった。そ
うすることが創作者の立場からの、適切なアプローチなのか。それは、
いまだに確信が持てません。

KB　2冊の本には違いがあるのでしょうか。『Are You My Mother?』
が女性に関する物語だから？　それとも、あなたとお母さんとの関係性
によって違うのでしょうか。お父さんに関する物語とは異なり、お母さん
の物語は依然として進行中の物語でした。

AB　母が「生きている」ことが非常に複雑な要因だったのかもしれま
せん。その当時、母と毎日のように話をしました。物語はずっと続いて
いました。父に関する物語は、亡くなったことで終わっていたので、2
冊の本を比べると、物語をコントロールできる度合いが完全に異なって
いたんです。実際、まだ終わっていない母との物語を、客観的に見据
えたり、コントロールしたりするのは不可能でした。

KB　わたしの見当違いかもしれませんが、もしかして、そうして表現しきれずに残った物語を、いまは創作に用いているのでしょうか。

AB　その通りです。洞察力が鋭いですね。

KB　まさか。当たっていたなんてうれしいです。

AB　あなたもそういった面はありますか。創作してみたい残りの物語とか。

KB　わたしの場合はそのような方法論を用いていませんが、あなたはそうかもしれないという気がしました。もし仮にわたしも同じだとしたら、いまつくっている作品がわたしにとっては、家族の3部作の結論になりそうです。

AB　きっとそうなるでしょう。そして、この本で話せなかった物語があれば、それを使って4冊目の本を書くかもしれませんね。

BOTH　（笑）。

AB　冗談で言ったわけではないんです。わたしは、父に関する本で書けなかった場面、物語、記録を母に関する本に持ち越したのですが、いまはそこでも書けなかったことを書いています。どのみち、一度きりの人生ですから、それはわたしが書けるすべてでもあるのです。だから書けそうなものはなにもかも書き尽くさなければなりません。

KB　わかるような気がします。あなたの作品は、直線的ではない方法によって、それぞれがつながっているように思います。あなたから受け取ったEメールで『はちどり』について、「ストーリーのように感じられないストーリー」と表現してくれましたが、それについて、もう少し具体的に説明してもらえますか。

AB　初めて『はちどり』を観た時は、物語がなく、人生がむき出しのまま展開されているような印象を受けたんです。始まりも中間も終わりもなく、プロットもないかのように。そして2回目に観た時、初めて非常に繊細なプロットに気づきました。それこそが素晴らしいストーリーテリングの証拠だと思います。あなたがこのストーリーを編み出したことで生まれた小さな縫い目は、簡単には見つけられないでしょうから。

KB　ありがとうございます。あなたの本からも同じことを感じました。あなたがどんなふうにストーリーをつくり上げるのかも知りたいです。あなたが作品のなかで見せてくれるストーリーは、人生そのものであり、宇宙のようにも感じるんです。わたしもあなたがつくった物語がどう締めくくられるのか、気になっていました。物語が終わっても、まるで終わっていないように思える。それは不完全なエンディングという意味ではなく、本を閉じたあとも、まるで人生のように、その物語が続いていくように思えました。

AB　人生はただ続いていく。それがすべての芸術作品にピリオドを打つのが難しい理由なのだと思います。

KB　あなたが手掛けるストーリーは独特で、慣習にとらわれていないよ

うに見受けられます。だから、ますます気になるんです。シークエンス
やプロットはつくるのでしょうか。どのようにして始まりと中間、終わりを
決めていったのでしょうか。

AB　ウィニコットの著作を頼りにしました。あらゆることを試しても、ストーリーというものが、どんなふうに動き、配置されるのか、理解できないと思っていた頃です。ウィニコットが書いた本ならどんなものでも読み、その理論を理解しようと努力しました。そしてついに、彼の考えが反映された論文のなかで、訴える力が大きいと思われるものを、6、7本、見つけたんです。それらの論文から学んだ内容を中心に、自分のストーリーの構造をつくりました。つまりわたしは、物語の構造を他から盗んで、その上にわたしの物語を積み上げていったわけです。心理分析に関するウィニコットのエッセイを数冊読んだことで、母が、どうわたしを支えてきたのかを知ることにもなりました。そして彼は、本の最終章に到達するひとつの道を提示してくれたのです。

KB　ということは、あなたはすでに物語をつくったあとに、彼の理論を適用したのですか。

AB　そうではありません。ウィニコットについての勉強は続けていました。しかし、ストーリーを中盤以上、書き上げた時点まで、彼の理論がわたしの作品の骨格であり、構造だということに気づかずにいたのです。

KB　理解できました。ウィニコットの本を読みはしたけれども、『Are You My Mother?』を中盤くらいまで完成させた時点でも、ウィニコットの理論を直接的には適用しなかったということですね。そして、それ以

降、初めて意識的に彼の理論を、あなたの物語の中枢に適用したということでしょうか。

AB　その通りです。

KB　『はちどり』のストーリーの中枢はなんだと思いましたか。わたしの映画における、ドナルド・ウィニコットはなんでしょうか。

AB　『はちどり』をもう一度観る必要がありそうです。しかしもちろん、非常に秀逸な切り口で、明らかに橋の崩落に向かってストーリーが構成されていたように思えます。ただ確信は持てません。何が物語の中枢だったのでしょうか。

KB　もちろん、おっしゃる通り、橋の崩落でした。橋の崩落がクライマックスとして機能しています。病院のシーンもそうであったように、すべての要素が橋の崩落へと向かっていくんです。

AB　ジスクがウニに、両親が離婚することを話す素晴らしいシークエンスがありました。あの事件はかなり速い展開を見せていましたね。そうして、「1994年10月21日」という字幕が登場し、次に、すでに撤去されたコンテナ村が現れます。それも非常に長く、ゆっくりしたペースの末に突然、すべてのことが…。

KB　とても速く動き出す。

AB　そうなんです。あれを起点に、展開はとても速くなりました。

KB　はい。それがストーリーの中枢であり、病院のシークエンスから続くプロットのポイントでした。人々も国も家族も病んでいて、その他すべてのことが、これまで以上に制御不能なまま、ある地点へと向かっていく。そしてその果てに橋が崩落するのです。

最後にあなたがいつも自分に問いかけをしているという話や、芸術をつくることにいまでも恐怖を感じているということ、また『Are You My Mother?』について懐疑的だったという事実に非常に驚きつつ、たくさんのお話を聞けたことが、うれしかったです。

AB　なんとうれしいことを。たとえば、普段から尊敬していた人たちに会ったのはいいけれど、その人たちが自分と同じくらいなにも知らないという事実に触れると、その度に幻想が壊れることがありますよね。「結局、わたしはなにも得ることができないのか」といった具合に、がっかりしてしまうことがたくさんあります。あなたの幻想を壊したとしたら申し訳なく思います。

KB　そのようなことは決してありません。わたしはあなたの作品のつくり方には、独自のやり方でありながら、知的なものを感じます。あなたは、まったく異なる方法で物事を見ているんです。それでいて常に自分に疑問を抱き、問い返す。その事実がわたしをうれしくさせるというよりは、「そうか、わたしも自分のことをそれほど悪く考える必要はないんだな」とポジティブにしてくれました。

AB　それは良かったです。率直にうれしく思います。そんなふうに感じてくれるなんて。

KB　あなたの実直な姿勢は、本はもちろんのこと、この対談でも一貫していました。とてもありがたく思っています。

AB　わたしが常に忘れてはいけないと思う大事なことは、わたしたちはみんな、とても「独特」だということです。わたしたちは誰もが特別な視点で物事を見る、風変わりな自我の持ち主です。それが核心であり、まさに個人的な物語を芸術に昇華しようとする理由でもあります。時には奇異に映るかもしれませんが、それぞれ違った方法で、それぞれが価値のあるものを見せることは非常に大事ですよね。そうしてそれぞれ違う人たちが、持っている特別な違いについて、すべてをいいものだと思えるようになっていく。

KB　わかる気がします。

AB　この惑星に存在する人類の生存のためにも、わたしたちはそれぞれ異なるべきですよね。わたしたちが全員、同じだとしたら、それはとても恐ろしいことです。

KB　ものすごく退屈でしょうね。

AB　そうなったら、本当に鳥肌が立ちそうです。みんなが会計士とか、同じ職業に就くことになります。誰も映画をつくらず、料理もつくらない。そうしたらわたしたちは全員、死んでしまいますからね。多様性はとても大事であるということ。生物の多様性のように、すべての人がそれぞれ違う考えを持ち、違う方法で物事を見る。それが、取るに足らないわたしの奇妙な人生を見せるきっかけにもなりました。「普遍的」だか

らではなく、「個別的」だからこそ、人々が見てくれるし、それが自分の仕事に信念を持てる理由にもなり得るんです。

KB　わたしたちの出会いについてはどう思いますか？　不思議に感じるでしょうか。

AB　これらすべてのことについて、創作者として語り合えたのが楽しかったです。知っての通り、人々はあまり堪え性がありません。普通の人なら2時間前にすでに興味を失っていたでしょうね。

KB　確かにそうですね（笑）。

AB　あなたがあらゆることに関心を持っていることに感動しました。一緒に話ができて良かったです。

KB　ありがとうございます。最後に言いたいことがあるとすれば？

AB　あなたが今後、どんな作品づくりをするのか、知りたいです。

KB　どんな作品づくりになると思いますか？

AB　良い作品をつくること？

KB　たぶん、1つ目の作品よりは、もっと良い作品です。

AB　比べないでください。比べることは恐ろしい（笑）。

KB　先に比べたのはあなたですよ（笑）！

AB　わかっています。比べるべきではありませんね。

KB　「より良い」といった比較などとは縁のない人だろうと思っていました。「こんな地方にやって来て暮らしている人だから、たぶん、作品以外の他のことには気にしないだろう」という思いがあったんです。ところが、驚いたことにあなたも比べることを気にしていますね。

AB　ある面ではそうであり、ある面ではそうではないと言えます。

KB　あなたに会えてうれしかったし、あなたの本を読むのもうれしかったです。このすべてのことを含めて、あなたの姿はわたしのなかに残ると思います。たかが数日会ったくらいで、相手を深く知ることはできません。あなたに2回会いましたが、たった2回です。あなたにはたくさんの歴史と、あなただけの書斎があります。わたしがあなたのことをどうしてわかると言えるでしょうか。あなたは悪い日を過ごすこともあれば、良い日を過ごすこともある。一日に何度も気分が変わるでしょう。誰かのことをわかるとは断定できないと思います。わたしは両親についても、わたし自身についてすらもよくわかりません。ただ知るために努力するだけ。それがすべてです。そろそろ対談を終える時間ですね。

AB　ありがとうございます。

KB　本当に本当にありがとうございます。

公開から4年、映画『はちどり』は世界中の観客を魅了した。なぜここまで多くの人の心を掴み、共感を呼んだのか。当初は1時間の予定だったキム・ボラ監督へのインタビューは、進むにつれて熱を帯び、監督の快諾を得て3時間に及んだ。時を経て、キム・ボラ監督自身が「いま、ここ」でなにを見つめ、振り返り、これから描いていくのか。映画の舞台として設定された1994年と同年、韓国へ留学していた、ライター・翻訳家の桑畑優香が話を聞いた。

＊このインタビューは 2022 年 11 月 6 日に ZOOM にて行われました。
聞き手・構成：桑畑優香・朝木康友
翻訳：桑畑優香

House of Hummingbird

『はちどり』から
4年の時を経て

キム・ボラ　インタビュー

『はちどり』から、4年

——『はちどり』が韓国で公開されてから4年が経ちました。この作品は、監督ご自身、そして韓国社会にどのような影響を与えたと思いますか。

観客が『はちどり』という作品をとても愛してくれたので、映画をつくるということについて、より深く考えるようになりました。『はちどり』は、映画業界の間で「異例の事件だった」と言われています。なぜなら、当時の韓国では、独立映画は観客が1万人入れば良いほうで、5万人を集客できれば大ヒットと言われていたんです。そんななか『はちどり』は観客動員数14万人以上を記録しました。

また、女性たちが映画のファンダムを形成して応援してくれました。映画にファンダムが生まれるのは、珍しい現象です。『はちどり』ファンの方が10万人突破記念イベントの時には歌を準備して歌い、プラカードを掲げて応援してくれました。「映画を楽しんだ」ということで終わらせるのではなく、何度も観てくださった方がいて、SNSでは、映画を観た人たちがコミュニティーをつくってくださったりしたんです。とても不思議な気持ちでしたね。わたしもすごく背中を押された気がします。なぜなら、この映画を準備していた時は、ひとりぼっちだったのに、世に出したとたん、応援してくれる多くの人が現れたから。

──多くの観客に支えられたのですね。

さまざまな方が映画館に足を運んでくれました。父や母と同世代の方もたくさん映画を観にいらっしゃいました。手紙をくれたのは女性が多かったのですが、映画には多くの男性の方も観にきてくれました。男性のなかには、男性らしく生きるのがつらいという人もいました。韓国社会では、「男性はこうしなければ」と強要されることが多いんです。泣くこともできず、つらい思いを抱えている、男らしさについてプレッシャーを感じている方が、映画に共感したのだと思います。手書きの手紙もたくさんいただきました。なかでも20代、30代の女性が多かったですね。そんな手紙一つひとつに、これまでの人生では考えられなかった形で、人とのつながりがもたらす愛を感じることができました。

「愛」には、親子の愛、友だちとの愛、夫との愛、パートナーとの愛、いろいろありますが、それとは少し異なる共同体のような愛の形とも言えるかもしれません。クリエイターだからこそ得られた愛情や幸せを感じ、2作目を制作しようと決心したんです。

実は『はちどり』をつくるのがすごく大変だったので、映画はもう終わりにしたいと思っていました。あまりにもつらかったので。健康も崩してしまったんです。でも、たくさんの観客の声に励まされ、「次もやらなきゃな」と。ようやくその時、映画は大きな力を持っているのだということに気づいたんです。

──2022年の釜山国際映画祭で、女性映画監督たちと語り合うイベントに登壇されていましたね。『はちどり』は、個人だけでなく、韓国映画界へも

影響を与えたと言われています。

『はちどり』が公開された当時、偶然か必然か、女性監督の映画がたくさん封切られたんです。韓国映画界において珍しいことだと話題になりました。釜山国際映画祭で、初めて監督の男女比がほぼ半々になったんです。全世界的な流れの結果ではないでしょうか。

#MeToo運動をはじめ、マイノリティーの声を聞くべきだという雰囲気もあります。女性監督が作品をつくるのはハードルが高いので、それゆえに、良い作品が生まれる傾向があります。いろいろなことが重なって、女性監督による映画が多くつくられたのだと思います。女性監督がたくさん登場したことで、映画業界に活力がみなぎり、多様性が生まれたような気がします。

——コロナ禍では、どんなことを考え、どのように過ごしていらっしゃいましたか。

ずっと、ありとあらゆることの関係性について考えていました。人と人との関係や、SNS社会で人々が寂しい思いをしていること。本当にひとりぼっちでいることの意味や大切さなどについてです。

そうしている間に、次回作である『スペクトラム』という映画を準備して、シナリオが3稿までできたところです。2023年からいよいよ撮影に入ります。シナリオを一生懸命準備していました。いま、シナリオを何度も修正しています。満足のいくシナリオができるまで約2年もかかりました。コロナの間はひたすらシナリオと向き合っていたんです。

——『スペクトラム』には原作小説[1] があります。なぜこの作品を選んだのでしょう。

おっしゃる通り、短編小説を原作としています。いろいろな不思議な縁がつながって、この作品をやることになりました。『はちどり』のあと、すごくたくさんのオファーをいただいたんです。とてもありがたかったのですが、これをやりたいというものになかなか出合えませんでした。そこで自分でファンタジーのシナリオを書き始めたのですが、あまりにもスケールが大きなものになりそうで、もう少し先の将来に手がけたほうがいいかもしれないと感じていたんです。

当時、サンフランシスコでシナリオを書いていたのですが、そこで『はちどり』のファンの方にいただいたキム・チョヨプさんの本を読みました。週末に何気なく読んでいたのですが、そこに収められていた『スペクトラム』がすごく良かった。そうしたら、ソウルに戻った時、仕事でご一緒している会社の代表が偶然にも、『スペクトラム』が好きだと話していたんです。たくさん短編小説があるなかで、同じ作品を気に入っていたことで意気投合し、一緒に『スペクトラム』を映画化してみようという話になりました。次の日、代表が作家であるキム・チョヨプさんの関係者に連絡を取ったところ、他の作品の版権はすべて売れていたのに唯一、『スペクトラム』だけが残っているというのです。映像化が難しいので誰も手を挙げなかったと。それからは、1週間以内に話が進みました。すごく速かったですね。

——『スペクトラム』はSF作品で、『はちどり』は日常を捉えた作品です。監督が感じる共通点はどのようなものなのでしょうか。

そこには、「ある存在に対する尊重」が描かれていました。
それはジャンルを問わず、
わたしがいつも関心を寄せているテーマです。

監督はたえず挑戦しなければならない職業だと思います。同じスタイルの作品を撮り続けることもできますが、わたしは違うタイプの作品をやってみたいと思っていました。次回作は SF やファンタジーと考えていた時に、『スペクトラム』と出合い、運命を感じたことは大きいです。それに小説がとても良かったんですね。そこには、「ある存在に対する尊重」が描かれていました。それはジャンルを問わず、わたしがいつも関心を寄せているテーマです。わたしに合っていて、ジャンル的にもチャレンジしてみたいものだったので決めました。

『はちどり』の書籍がもたらしたもの

——今回日本でも翻訳されることになったこの書籍[2] についてもお話を聞かせてください。映画のシナリオが本という形で出版されることは、珍しいことではないでしょうか。

すべてのシナリオが本になるわけではありません。公開後、観客の反応が良かった作品が主に出版されるのです。でも『はちどり』に関して不思議だったのは、公開と同時に本が出版されたこと。前もって出

版を準備していたんです。『はちどり』は映画祭で多くの賞を取り、韓国のニュースで話題になりました。独立映画としては異例のことで、みんなが、どんな映画なのか気になっていたのです。そのため、出版社から提案があって、公開と同時に本を出すことにしました。

この本に掲載されているシナリオは、完成原稿です。この本に載っているシーンはすべて撮影し、そして編集でカットしたものを含みます。

編集した時に上映時間の関係でたくさんのシーンをカットせざるを得ず残念だったのですが、それらの場面を本に載せることができ、うれしく思っています。シナリオにあるシーンはわたしにとってすべて大切ですし、本に収めることで命を再び吹き込まれたような、そんな感じがします。本は永遠に残るものだから。

——書籍にはシナリオだけでなく、寄稿も多く掲載されていますよね。

大半は、わたしが提案した好きな作家さんたちですが、出版社が提案してくれた方も数名含まれています。たとえば、アリソン・ベクダルさんやチェ・ウニョンさんはわたしが好きな方だったので提案しました。チョン・ヒジンさん、キム・ウォニョンさんも、わたしが推薦させていただいて、直接メールを送りました。きっと、映画を深く理解していただけると思ったのです。

——なかでも好きな寄稿はありますか。

すべての寄稿が好きですが、なかでも、チェ・ウニョンさんの寄稿はと

ても印象的でした。彼女はわたしと年齢が近いこともあり、映画で表現した情緒を正確に理解してくれていたんです。同じような経験を共有しているし、文章も上手です。文章が上手というよりも、書かれた内容そのものに心が揺さぶられましたね。技巧に走るのではなく、心から書いているというのが伝わってきたんです。本が発売された時も、チェ・ウニョンさんの寄稿が一番話題になりました。

──本書には監督ご自身による対談もあります。

そうなんです。一番記憶に残っているのは、まさしくアリソン・ベクダルさんとの対話ですね。なぜなら、彼女の創作者としての視点に多くのことを学んできたので、直接ご本人に会って、2日間も、互いの魂の深いところで触れ合うことができたのは、なかでも特別な経験でした。

『わたしたちが光の速さで進めないなら』
キム・チョヨプ（著）
カン・バンファ、ユン・ジョン（翻訳）／早川書房
珠玉のSF短篇7作品のうちのひとつに、
「スペクトラム」は収録されている。

1

韓国で発売されている原書の書影。
本国では映画の公開と共に発売された。

2

『はちどり』から4年の時を経て

ジェンダー、カット、とりまくイシュー

——アリソン・ベクダルさんとの対談のなかに「**女性監督がつくる上映時間が長い映画は受け入れられない**」ということばがあり、驚きました。**多くのシーンをカットした背景には、そのような理由もあったのでしょうか。**

実は2回ほど、そのようなことを言われたことがあります。ただ、そのうちひとりは後に謝罪をしくれました。正確に言うと「女性監督がつくる上映時間が長い映画は受け入れられない」というのではなく、「女子中学生が主人公の映画をそんなに長い時間観たい観客はいないだろう」というニュアンスでした。なぜそんなことを言ったのかはわかりません。それは、もしかするとその方だけが悪いのではなく、韓国映画界において普遍的なイシューとして残っている問題のひとつなのかもしれません。実際にこれまで、女子中学生が主人公の作品がヒットしたケースはほとんどありませんでした。いや、まったくなかったといってもいいかもしれません。

そのため、「女子中学生の物語をつくってくれてありがとう」という観客もたくさんいました。ついに自分たちの学生時代がありのまま描かれる作品が生まれた、と。これまで映画に登場する女子中学生といえば、はつらつとして、明るくてピュアな、漫画の主人公のような、みんな似たようなキャラクターが多かったんです。

女子中学生時代のわたしたちは、まったくそんなふうじゃありませんでした。もちろん、はつらつとして楽しかった瞬間がなかったわけではありませんが、韓国社会において、あの時代の女子中学生が、楽しいこ

女子中学生が受けていた、
そのような抑圧を表現する単語さえなかった時代でした。

とばかりを経験していたというのはありえないことです。セクハラもまん
延していたし、学校での暴力もひどかった。女子中学生が受けていた、
そのような抑圧を表現する単語さえなかった時代でした。そんな思春
期の女子中学生の等身大の姿を、明るくピュアなキャラクターとして描く
のは、無理があると思っていたんです。それゆえに、女子中学生の現
実を赤裸々に捉えた『はちどり』は、公開された時に大きな共感を呼
びました。

──女性を描くことで、他にも意図するものはありましたか。

印象的だった話があります。ウニが病院に行くシーンがあるのですが、
医師と2人で部屋にいるのを見て、女性の観客の多く、特に20代、
30代の人たちはすごく不安になったと言うんです。なにかが起きてしま
うのではないかと。女性の観客たちは、「これまで暴力的な作品を見る
のがつらかった」と話していました。わたしも映画で女性が権力を持
つ男性と、部屋でふたりきりでいるシーンを観ると、「レイプされるので
はないか」と不安に感じるからです。そういう場面が映画には頻繁に
出てきます。

たとえば、若い女性が一人旅に出て悪い男性に出会うとか。「映画にはレイプシーンが当たり前のように登場するので、『はちどり』のシーンも怖かった」と聞いて、胸が締めつけられる思いでした。

以前から、時間を割いて観てくださる方がつらくならないように、責任を感じていて、どうしたら観客がつらい気持ちにならずに、主人公の痛みを見せることができるか、考えなければならないと思っていました。そのためたとえば、ウニが兄に暴力を受けるシーンは、できるだけ映像で見せないようにしました。鼓膜が破れる事件が起きるので、その部分だけを見せて、それ以外はすべて音で表現するようにするなど、工夫しました。

――最終的にカットしたなかで、監督にとって思い入れがあったシーンは何ですか。

完成原稿まで残してあるシーンは、すべて撮影したものですし、すべてが思い入れがあるものです。なかでも一番思い入れがあるのは、ウニの姉、スヒに関するシーンです。もともとスヒは映画で重要な役割を担うキャラクターで、エピソードもたくさんありました。でも、映画にはポイントやバランスが重要です。スヒの話を強調しすぎると、ウニのパートが薄く見えてしまいます。後半、聖水大橋のエピソードでスヒがフォーカスされますが、前半にスヒの話を盛り込みすぎると、リズムが失われてしまう気がしました。ウニを演じた俳優さんも演技が上手でとてもいいシーンがたくさんあったので、勿体なかったですね。それでも、映画は構成が大事な要素です。編集について多くのことを学ぶ機会になりました。良いシーンを全部盛り込んで3時間の作品をつくったとしても、

面白いものにはならないんです。強弱のリズムが大切なので、多くのシーンをカットしました。

そのため、カットしたのは「女子中学生が主人公の長い映画を観たい人はいない」と言われたのが理由ではありません。わたし自身も映画が長すぎると観客が疲れてしまうだろうと思ったんです。当時公開されていた他の作品の長さも考慮しました。たくさんカットして残念な気持ちもありますが、それが映画の運命というものなのかもしれません。

『はちどり』はどのようにして生まれたのか

──『はちどり』をつくったきっかけをあらためて教えていただけますか。

『リコーダーのテスト』という、『はちどり』の前日譚のような短編映画をつくりました。ウニという、幼い女の子が主人公なのですが、その子がどのようにして育っていくのかが気になる、という観客がたくさんいたんです。だから、ウニを主人公にした長編映画をつくってみたいと思うようになりました。

──**監督と主人公であるウニには、似ている点はあるのですか。**

自分の感情に近い部分を挙げれば、幼い頃、ウニのように社会に属していない感覚があったこと。ウニが感じた絶望のようなものは、わたしの奥深くから引き出されたもののように感じます。わたしはウニのように勉強をあまりせず、漫画をよく描いていました。あと実は、学校に行く

ことが好きではなかったんです。小学生の頃に嫌だったのは、先生が
生徒を順位付けすることです。子どもに恥ずかしい思いをさせるため
に、一位や最下位の人を発表する。当時、すごく頭にきて、宿題の日
記で先生に抗議しました。子どもの頃から正義感が強かったんです。

——映画でも学校の先生が「不良の名前を書きなさい」と言うシーンや、
生徒たちが「ソウル大に行く」とスローガンのように言うシーンがありますね。

スローガンはフィクションです。でも、ソウル大に行くプレッシャーは、わ
たしの学校のみならず韓国中の学校で同じようにありました。SKY（ソ
ウル大、高麗大、延世大）進学特別クラスが設けられた学校もあるんです。
普通のクラスは扇風機なのに、特別クラスにはエアコンがあった（笑）。
劇中のスローガンは面白いから入れたフィクションですが、それは誇張
ではなく、実際のほうがもっとひどかったんです。

——本書のまえがき（作家のことば）には、「ヨンジだと思ってシナリオを書き
始めたが、自身のなかのウニと何度も出会うことになった」と記されています。
もう少し詳しく聞かせてもらえますか。

わたしはヨンジよりも年上なので、ヨンジの立場で誰かに癒しを与える
映画をつくりたいと思いました。ところが、シナリオを書いているうちに、
自分のなかに潜むウニを見つけたのです。誰でも自分のなかにウニが
います。まだ答えが見つからない子どもの頃からの宿題。文章を書き
ながら突き詰めていくと、自分のなかのウニの存在に気づいたんです。
その存在と距離を置き、バランスを取りながらシナリオを書きました。
なぜなら、距離をうまく取らないと、内容が台無しになってしまう可能

性があるからです。そして、一番避けたいと思ったのは、「自分を憐れむ」ことです。なので、そういったものをうまく整理して書きました。

——『はちどり』をつくるのは苦しい作業だったと過去のインタビューで語っていますが、どんな点がつらかったのでしょうか。

資金を集めるのが一番大変でした。シナリオを書く作業においては、わたしは文章を書くのが好きなのでつらくはなかったです。もちろんストレスも感じましたが、それは自分でコントロールできることでもありました。しかし、お金を集めることは、自分だけの力でどうにかなるものではありません。制作支援金に応募して何度も落ち、投資もまったく集まらず、つらかったですね。

——それはどうしてだったのですか。

商業映画業界で、『はちどり』に投資しようとする人はひとりもいませんでした。商業性がない作品だから。でも、ドアを叩いてみようと、8か所ぐらいにあたってみましたが、全部断られましたね。それで、映画振興院や、ソウル映像委員会など公の機関の支援に応募して少しずつ集めていったのです。たとえばアメリカのサンダンス映画祭で編集に対するフィードバックをもらったり、釜山国際映画祭を通じてポストプロダクション作業のサポートを受けたりしました。だんだん企画書を書くのがうまくなっていきました（笑）。目をつぶっても書けるぐらいです（笑）。

家族の話を書く時は葛藤がありました。
「家族」というもの自体が、葛藤なのだと思います。

実話なのか、フィクションなのか

──『はちどり』は監督自身の実話をベースにしていたのでしょうか。

同じ質問をよく受けました。「イエス」と答えるのは難しいですね。映画は、創作であり虚構です。映画は、監督自身の話が少し入っていたとしても、監督自身の物語とは言えません。自分の話といえば、嘘になります。少しだけつらかったことを、大げさに表現したりするので…（笑）。逆に、すごくつらかったことは描かなかったりもしています。

実は、「家族の話は実話なのか」という質問は、意味がないようにも感じます。映画や小説などの作り手であれば皆、ある作品に家族の話がどれくらい盛り込まれているかは、気にしないはずです。なぜなら、実話をベースにしていても、作品を構成する段階でまったく別の物語として創造すると知っているからです。多くの人が同じことを尋ねるのですが、それは芸能人の私生活を知りたがる記者の質問のように感じることがあります。本質から離れた質問だと思います。

『はちどり』はたくさん賞をとり、韓国の観客たちは、自分や自分の子

どもがいかにウニに似ているかを語りました。それはわたしたちにとって、共通の歴史の記憶なのです。共通の歴史を個人的な物語のようにつくり上げた監督としての演出手法について尋ねていただければ、人々の声をどのように作品に盛り込んでいくのか、具体的にお話しできると思います。

——わかる気がします。

家族の話は、わたしが幼い頃の家族の事情を投影した部分があります。しかし、映画をつくったり文章を書いたりする人であれば共感すると思いますが、作品がすべて自分の実話だというのは、ありえないことです。つまり、ウニの家族については、わたしの家族をモチーフにしている部分もありますが、それ以外はすべてフィクションです。家族についても実話だといえば嘘になってしまうでしょう。実際の話をソフトにしたり、誇張したりしているので。

わたしの母が「家族の話を描いたと言ったほうが、観客の興味を引いてPRになるんじゃないの?」と冗談を言っていました(笑)。公開当時はわたしも「映画のこの部分は自分に似ている」などと話していたのですが、自分の良心に問いかけるうちに、この物語は、あらゆる人の話でもあることに気づいたんです。

家族との邂逅

——家族は映画をご覧になられてどのような反応だったのですか。

ウニの家族は、当時の韓国人にとって「正常な家族」でした。
つまり、「特別ではない」よくある一般的な家族像なんです。

映画を観て、家族はすごく喜んでくれました。娘が何年もかかって準備
した映画がやっと完成したので。公開された当時、カカオトークのプロ
フィール写真が、家族全員『はちどり』のポスターでした（笑）。兄も
自分の友だちにPRするように声をかけて、スポーツジムにポスターを
貼ってもらったり、試写会に呼んだりしてくれました。父も母も近所の友
だちと映画を観に行ったり。たくさんの観客が、「どれぐらい本当の話
が盛り込まれているんですか？」と家族に尋ねたようです。わたしはそ
れを知っていたので、父に「同じ質問を何度もされて疲れない？」と
聞いたら、父は「心配するな」と言うので、驚きました。

**──家族の物語については、本書では「シナリオを書きながら家族と話し、
葛藤もあった」と記しています。**

そうですね。家族の話を書く時は葛藤がありました。「家族」というも
の自体が、葛藤なのだと思います。毎日会って、一緒に暮らしている
ので。そのような葛藤を解消していく過程でもありました。それでも、
家族はシナリオを書いていることを知っていたし、すごく応援してくれま
した。家族を理解し、和解を経て、距離を置き、フィクションであるこ
とを前提にしたからこそ、書けたのだと思います。自分の境遇を憐れ
むのではなく、外から見ているような客観性。そのためには、映画をつ

くる前に、家族との関係を浄化してから、整える過程が必要でした。

──その浄化や整理といった過程はどのように行われたのでしょうか。また、映画で描かれていたような父や兄との葛藤はあったのでしょうか。

学生時代からもう20年が経ちました。いまはもう過去形の出来事であって、だからこそ描くことができたんです。長い時が経つうちに、家族との関係は確実に変化していきました。過去に、葛藤したり和解したり、許し合ったりするということがあったのです。

父は韓国の典型的な家父長制における父親でした。それについてわたしは20代の頃、父と何度も話をし、父は何度も謝りました。映画に登場するウニの家族は、当時の韓国人にとって「正常な家族」でした。つまり、「特別ではない」よくある一般的な家族像なんです。

個人から、みんなの物語へ

──映画は韓国やアジア圏のみならず、世界中の人々も惹きつけました。

『はちどり』をつくりながら、多くの人たちと話をしました。たとえば、両親が喧嘩して翌日何事もなく過ごすことに対する不思議な気持ち。それを友だちと話してみると、みんなが同じような経験をしていることに気づいたんです。「ああ、これは共通の体験なんだ」と確信を得て、多くの人が共感できるようなエピソードを映画に盛り込みました。これは監督として、「共感を得られそう」だという、作り手の緻密な計算と

も言えます。それに、計算するのは悪いことではありません。映画は面白くなければいけないし、当然たくさんの観客を集めなければならない。観客の心を惹きつける要素のなかに、自身の経験と重なる要素もいくつか入っていて、そのひとつが家族の話だったというわけです。

――多くの人を惹きつける物語はどのようにつくり上げていったのでしょうか。

映画をつくり始めた当初から、開かれたみんなの作品にしたいと思っていました。映画祭で出会った外国の記者の方にもたくさん話を聞いてみたんです。特に覚えているのはスウェーデンの方が、過去について語ってくれたことです。その方は学生時代、いつもランチで買ってきたものを食べていることが、恥ずかしかったと。わたしにはそれが中高生が感じるような気持ちと似ていると思えました。周りの人に、からかわれることに対する恥ずかしさ。

ちなみに、冒頭のシーンは兄の友達に聞いた話を盛り込みました。兵役を終えて帰宅した時、犬の吠える声が聞こえたというんです。入隊する前は犬を飼っていなかったのでおかしい。もしかして自分に知らせず、家族は引っ越したのではないかと思ったそうです。不思議ですよね、そんなことはありえないのに。それで、家の呼び鈴を鳴らすと、母親が子犬を抱いてドアを開けたので、すごく驚いたと。その話を聞いて思ったのは、誰にでも子どもの頃、家のベルを鳴らしても「誰もドアを開けてくれないのでは」という一種の恐れのような気持ちがあったのではないかということです。韓国では同じようなマンションが建ち並んでいるので、違う部屋に間違って行ってしまうというのは、ありえることです。両親のケンカの話もそうですが、人々が子どもの頃に経験した話をたく

さん聞いて、共通する経験を映画に盛り込もうと努力しました。

特に女性の中高生時代においての、同性に対する憧れや恋愛感情の話をたくさん聞きました。韓国ではよくあることで、大学に入ると、何事もなかったように消えてしまうのですが。中高生の時に、恋愛感情を表現するために手紙やバラの花を渡したというエピソードなどがありますよね。こうしたものを細かく捉えようと努力しました。また、どの国の人が見ても共感できるように、外国の人にもたくさん尋ねました。その過程が良かったのだと思います。

——だから国境を越えて、さまざまな人が共感したのですね。

そうですね。シナリオは共感できる記憶であり、そして共感できる痛みの記録でもあるのです。観た人が「自分の思春期の物語のように感じた」と言った時、わたしは監督として成功できたのだと思いました。

シナリオを書き始めた時のわたしは、やはり自分の物語だと錯覚していたんです。実際、親が餅屋であるという設定やいくつかの出来事が個人的なエピソードであることは事実だから。しかし、書きながらこれは作家が避けるべきナルシズムだと考えるようになりました。その後、「自伝的な映画です」と語る他の監督への、「どこまでが事実ですか」という質問は無意味だと思うようになりました。

——1994年の韓国を舞台にして、実際の事件を盛り込んだことにも意図はあったのですか。

　　　　　　　　　　　　『はちどり』から4年の時を経て

1994年を舞台にしたのは、わたしが幼い頃、その時代の空気を一番強烈に感じた時期だからです。聖水大橋の崩落事故は、当時は近くに住んでいたのでとにかく衝撃的でした。橋が崩落した写真や映像はすべての人々にショックを与えました。また、ウニが経験した子どもの日常は、韓国社会の崩壊と結びついていると考えたからです。

幼い子どもが学校でソウル大を目指すように言われたり、長男は大切にされるのに自分はきちんと扱ってもらえなかったり。家庭にも独裁者がいて、民主化は実現されていないのです。食事の時間に話しているのはいつも父親で、母は仕事をしながら家事もしていて、父親は遊びに行くのに、母親は自由に出かけられない。それから、学生運動をしていたヨンジの虚しい気持ち。ウニがクラスメイトに「勉強ができないと家政婦になる」と言われたりすることなどもそうです。そういうことを言う人が実際にとても多かった。なぜなら、親が子どもにそういう話を日常的にするからです。たとえば、掃除をしている人を見て、「勉強しないと、いつかあの人みたいになる」という文化、考えられないような俗物的な文化があるんです。

1980年代まではそんな文化はなかったのですが、資本主義によって、そういう社会になってしまいました。それをわたしは「崩壊」と呼んでいます。教育現場の崩壊、家族の崩壊、子どもたちの崩壊、価値観の崩壊、韓国社会の崩壊。「崩壊」というと巨大な歴史を想像しがちですが、もっと身近な日常に関連したものでもあるのです。#MeToo 運動にしても、日常の出来事が発端ですよね。男性が日常的に女性の外見についてコメントをしていたり。そういう小さなことが積み重なって、あの事件が起きたのです。だからこそ、『はちどり』の舞台となった、

シナリオは共感できる記憶であり、
そして共感できる痛みの記録でもあるのです。

1990年代も、日常と聖水大橋の事故が結びついていると考え、大きな
絵を描いてみたいと思いました。

——そして、それはいまも続いていると。

はい。韓国ではいまも胸が締めつけられるような事件が起きています。
それは日常と切り離すことができない。わたしはすべてのものには政
治が影を落としていると考えています。話し方や服装、どんなカルチャ
ーが好きなのか、本や映画、学歴なども含めてです。それらを映画の
物語に散りばめたいと思いました。政治的ないろいろなものが積み重
なって、ある日突然崩壊する。そしてそれらはいまでも、同じことが起
こり得るのだと。

映画を観た人のなかには、自分の国の出来事に紐づけて考えてくれる
方がたくさんいました。日本では、震災に結びつけて語る人もいたし、
イタリアの人は、韓国と同じように橋の崩落を経験した話をし、アメリカ
の人は同時多発テロについて語りました。9.11のあと、人生や人間に
対する希望が消えてしまったと。こうした大きな事件と日常の関係を、
わたしはこれからも探求していきたいと思います。

映画におけるキャスティング・創作

──主演のウニ役にパク・ジフさんを抜擢した理由を教えてください。

澄んだ心を持つ人だと思ったんです。目を見ただけでわかりますよね。「目は嘘をつかない」ということばは本当だと思います。そして、この映画をすごくやってみたい気持ちが伝わってきました。子役のなかには、母親のためにオーディションを受ける子がすごく多いんです（笑）。そういう子は無理してやっている感じが演技にも表れます。でも、ジフはそうじゃなかった。ジフは演技が一番上手でした。やってみたいとピュアな心で願っているのが感じられたんです。

「自分を選んでほしい」という気持ちを見せると、選ぶ人にプレッシャーを与えてしまうこともありますが、ジフはとても愛らしく純粋でした。あの年齢の学生だけが持つエネルギー、健康なエネルギー。欲望を表出するエネルギー。わたしは欲望をはっきり見せる若者を見ると、すごく愛らしいと感じるんです。欲望を隠そうとして猫をかぶるのは不自然ですよね。オーディションを受けに来ているのだから、野望があるのは当たり前。自分を選んでほしいと願うのは当然のことです。

そして、それをジフはストレートに言いました。韓国には「ボルメ（볼매）」という、"見れば見るほど魅力的"という意味のことばがあるのですが、「わたしはボルメです」と言ったのです。自分の魅力を堂々とかわいらしく口にする姿を見て、「この子と一緒に映画をつくりたい」と思いました。彼女は映画の内容も一番よく理解していました。『はちどり』はセリフが少なく、沈黙を生かす作品です。ジフは間の取り方がうまかった。

若い子は、たいていセリフをテンポよく読もうとします。でも、ジフはわたしがシナリオを書いた意図と、まったく同じように読んだのです。すごく不思議に見えました。それが、彼女を選んだ最終的な決め手となりました。

――同じく、ヨンジ先生役にキム・セビョクさんを選んだ理由はあるのでしょうか。

シナリオを書き終えて真っ先に思い浮かんだのが、セビョクさんでした。でも、あまりにもピッタリだったので、ありがちなキャスティングに思えてしまうのではないかと、当初は別の人を探すべくオーディションをしてみたんです。ところが、他の人ではやはり合わないような気がして、最終的に、セビョクさんとミーティングの機会を設けることにしました。そうしたら、やっぱり完璧だった。回り道したけど、最終的により良い正解を見つけられたような気がして、うれしかったですね。

――キム・セビョクさんはいろいろな作品に出演していらっしゃいますが、決め手は何だったのでしょうか。

セビョクさんが持っている雰囲気。力を抜いて演じるところが好きですね。自然に自分の人生の一部から引き出しているような感覚。セビョクさんのおかげで映画がすごく良くなりました。なぜなら、ヨンジのセリフは悲壮感にあふれているので、演技次第で、不自然でダサくなってしまうかもしれないと心配したのですが、セビョクさんのおかげで、とても自然になりました。彼女の力は大きかったと思います。

――シナリオの読み合わせをした時から、ジフさんとセビョクさんは息がピッ

　　　　　　　　　　　『はちどり』から4年の時を経て

タリだったそうですね。

ふたりを見ているだけで、ひきこまれました。ことばで説明できるもの
ではなく、なにか響き合うかのように、ふたりの相性はピッタリだったん
です。オーディションで演じた時とはまた違う、映画を観ているかのよう
な気持ちになりました。そんなふたりを見ていたら、自然と涙が出てき
たんです。わたしだけでなく、スクリプターをしているスタッフも涙がこ
ぼれたと話していました。

——それはどのシーンだったのでしょうか。

最も重要な、漢文塾を抜けて公園で指の話をするシーンです。「ウニ、
つらくて落ち込んだ時は指を見て。そして1本1本、動かす…。そうする
と、神秘を感じるの」「なにもできない気がしても、指は動かせる」と
いうセリフのシーンを通して撮影しました。ふたりとも演技にすごく集中
し、台本をすでによく理解していたので、ウニが先生のことが大好きだ
というのが、たしかに伝わってきたんです。

——ちなみに映画をつくる時は、コンテをつくりますか？

コンテなしに現場でカットを決める監督の話を聞くと、天才だと思いま
すね。わたしにはそういう才能がないので、準備したコンテの通りに
撮影します。是枝裕和監督も同じスタイルで、ホウ・シャオエン監督に
叱られたと聞いたことがあります（笑）。「映画は計画通りに撮っては
いけない」と。わたしは計画通りに撮るほうですが、現場で俳優の動
線が変わったり、撮影監督から提案があったりしてその都度、変更した

韓国には「ボルメ（볼매）」という、
"見れば見るほど魅力的"という意味のことばがあるのですが、
「わたしはボルメです」と言ったのです。
自分の魅力を堂々とをかわいらしく口にする姿を見て、
「この子と一緒に映画をつくりたい」と思いました。

　　　　　　　　　　『はちどり』から4年の時を経て

りします。現場での判断で作品が良くなることもありますし、バランスを
取りながらやっています。

こうした経験を重ねるうちに、気づいたことがあるんです。良い結果は、
計画するからこそ生まれると。緻密に計画を立てておけば、変更が生
じてもすぐに対応できる。そして、計画をしておかないと、うまくいかな
いんです。だから、事前に準備をしっかりして、現場では状況に合わ
せて柔軟に対応するようにしています。

**――現場では俳優さんに演技指導をするタイプですか。または、任せて待
つのでしょうか。**

監督なので、当然すべてのシーンについて説明し、俳優がやりたいこ
ととわたしが望むことについてたくさん話し合います。現場でスタッフに
「早く始めたいから、話し合いはほどほどに」と言われたこともあるほ
どです（笑）。でも、俳優たちは喜んでいました。しっかり話せて良か
ったと。だからこそ演技がより良くなったのだと思います。演技の正解は、
監督よりも俳優が知っているのです。何度も撮り直して、そのすべてが
良かったシーンもあります。

たとえば映画の終盤に、母親がジャガイモのチヂミを初めて愛情を込
めてつくり、ウニが食べるシーンがあります。シナリオでは「ウニは笑顔で
食べる」と書きました。愛情を込めてつくったチヂミを食べるウニは、
にこにこするだろうと思っていたんです。でも、ジフは笑顔を見せなかっ
たので、「どうして？」と尋ねたら、ジフは「ウニは笑わないと思います。
ヨンジ先生が亡くなってすごく落ち込んでいるのに、笑顔になれるはず

がないですよね」と。念のため、ふたつのバージョンを撮影したんですが、結局ジフが望んだカットを映画で使いました。それが正解だと思いました。

わたしは母親が心を込めてチヂミをつくってくれたので、笑顔になるだろうとシナリオを書いたのですが、ジフの答えを聞いて、正解を理解しているのは俳優のほうだと思いました。年齢や立場は関係なく、ジフのほうがウニのことをよく理解していたんです。ジフは現場で完全にウニになりきっていた。だからスタッフもみんなジフを「ウニ」って呼んでいました。わたしはいまでもジフのことをウニって呼んでしまいます（笑）。ウニって呼んでも返事をしてくれるんです（笑）。

もうひとつ覚えているのは、ヨンジが「切れた指」を歌うシーン。シナリオでは、黒板の前で歌う設定でした。先生はいつも黒板の前に立っているので、そうしたのです。でもセビョクさんは、「黒板の前で歌うと、子どもたちを見下ろしている感じがして嫌だ」と言うのです。「窓辺にリラックスした雰囲気で寄りかかり、子どもたちとアイコンタクトをしながら歌いたい」と。すごくいい提案なので、カメラの位置を変えて撮りました。わたしは頭だけで考えていたので、先生だから黒板の前で歌うのが当たり前だと捉えていました。でも、セビョクさんは、「ヨンジだったらこうする」と。すごいと思いましたね。

また、ウニが入院する前にヨンジがウニを抱きしめるシーンがあります。その時、ウニにプレゼントをもらったヨンジは、ウニに深く頭を下げる。それはシナリオにはなかったけれど、セビョクさんの提案で撮影したものです。

わたしは監督として、大きな流れを決めて説明し、撮影しますが、ところどころで俳優の意見を反映するスタイルです。特にジフの場合は、年齢的にも本能的にウニを理解しているので、ジフがやりたいテイクと演出側の意図が込められたテイクの両方を撮影していました。重要なシーンでわたしが演出したテイクが撮れたあとは、「じゃあ、次はジフが好きにやってみて」と、ジフバージョンのテイクがあったんです（笑）。

ヨンジから見つめる1994年

——日本の観客のなかには、ヨンジ先生はどんな過去や背景があるのか気になるという人もたくさんいました。わたし自身は1994年にソウルに住んでいたので当時の社会的雰囲気を鑑みると、ヨンジ先生は民主化運動にかかわっていたのではないかと思いました。でも、よくわかりません。日本の人にとって、ヨンジ先生はミステリアスな印象です。

おっしゃる通り、ソウル大学で学生運動をしていたという設定です。韓国の人はみんな気づいています。ヨンジの本棚には、学生運動をしていた人たちが読んでいた本を並べました。外国の方のなかには、わからない方も多かったようですが、それでも理解はしていただけるだろうと思いました。学生運動を経験し、休学し、人生の苦悩をいろいろ抱えている人物という設定です。

——でも、1994年といえば、軍事政権が終わり文民政府が成立したあとで、社会が安定した時期のように思えます。なぜヨンジ先生は苦悩を抱え、なにか虚しい雰囲気をまとっているのでしょうか。

社会が完全に安定したわけではなく、資本主義が入り込むなかで、社会運動をしていた人たちの間に、理念や思想に対する虚しい気持ちが生じたのだと思います。

学生運動で自身のアイデンティティーを守るために身を投じた人たちが、運動が終焉を迎えたことでやり場のないエネルギーを抱え、虚無感にさいなまれるようになったのです。だから瞑想センターに行ったり、新興宗教にハマるようになる人もいたりしたんです。わたしも瞑想センターに行ったことがあるのですが、指導者のなかにはソウル大で学生運動をしていた人たちが、そこにはたくさんいました。なかにはお坊さんになった人もいます。

熱気の籠った、社会運動の時代は終わったけれど、いつも社会には闘うべき問題が残っていました。民主化が達成したように見えるけれど、変わらず問題は山積みでした。資本主義という、より巨大な波が押し寄せる社会で、バランスを取るためにそれぞれの人が孤独に奮闘していた時期だったんです。だから、ヨンジもいろいろな悩みを抱えていたのでしょう。

――当時の20代後半の人たちに共通する姿を投影したのがヨンジ先生だったのですね。

おっしゃる通りです。社会運動にすごく重要な自分の時間や意志を捧げたけれど、これからなにをすればいいのかという気持ちもあったでしょうし、社会運動をしていた人の間でも、価値観の分裂が起きた時代でした。ヨンジは自分の立ち位置にも悩んでいたのではないか。そん

なことを想像しながらシナリオを書きました。

──なるほど。やはりそうだったのですね。ヨンジ先生について、ごく基本的なことが気になります。なぜ英語や数学ではなく、漢文の先生だったのでしょうか。

英語や数学は重要な科目なので面白くないんです。むしろマイナーな科目である漢文を教える人が興味深いと思いました。そういうマイナーな科目の塾であれば、生徒が2、3人しかいないという設定もしっくりきますよね。あと、『明心宝鑑』をセリフに入れたかったんです。

──ヨンジ先生の本棚も話題になりました。マルクスの『資本論』もありましたね。

本は、学生運動をしていたわたしの知人がふたりいて、その人たちが所有している本から選んだものです。

──やはり、ヨンジ先生のような人生を送った方なのでしょうか。

はい、ひとりはソウル大で学生運動をしていた方で、もうひとりはいま人権活動をしています。喜んで本を貸してくれました。当事者の本なので、チョイスした本がリアルだと韓国で話題になってうれしかったです。当時学生運動をしていた人たちの必読書、そしてヨンジが読みそうなフェミニズム関係の本を選んで並べていました。

──本はヨンジ先生のキャラクターを暗示しているのですね。

民主化が達成したように見えるけれど、
変わらず問題は山積みでした。
資本主義という、より巨大な波が押し寄せる社会で、
バランスを取るために
それぞれの人が孤独に奮闘していた時期だったんです。

ヨンジの過去や背景についてのセリフはあえて入れませんでした。あり
ふれたストーリーに見えてしまうおそれがあると思ったからです。

演出をめぐる意図

──食事のシーンがたくさん出てきますが、なにか意図はあったのですか。

食事のシーンは、映画的な選択として入れました。映画でウニがジャガ
イモのチヂミを食べるシーンもありますよね。おいしそうに食べるというよ
りは、空腹と寂しさを埋めるために食べる様子を見せたかったのです。

家族で食事をするシーンを多用したもうひとつの理由は、効率的にキ
ャラクターを見せるためです。家族の人間関係をワンシーンでわかりや
すく見せられるのが食事のシーン。シナリオの教科書や学校でも言わ
れていることなのですが、人間関係やキャラクターを表現するためには、

　　　　　　　　　　　　　　　　　『はちどり』から4年の時を経て

「周囲の人とどのように交流するか」を立体的に描くことが重要です。子どもは親にどんな返事をするのか、兄弟とののかかわり、友だちとの関係、家族についてどう話すのか。そうした関係が、「食事」を介すことでより、生き生きと見えてきます。

父親の家父長的な面、父親が息子に話している間にずっとテーブルを拭いたりしている母親。そして、兄がどのように返事をするのか。たとえば「ソウル大に行け」と父が兄に言いますよね。食事の時間に子どもが圧迫を受ける様子が描かれます。親にプレッシャーを与えられて爆発寸前な兄の姿が垣間見えます。食事の時は、韓国社会では地位によって座る位置が決まっているのですが、ウニと姉が下座に座っています。

最近ふと感じたのは、人というのは、自分が見たり聞いたりしたことの影響を受けているということです。うちの家族は、いまもみんなでよくご飯を食べます。レストランに行ったり、食事をするために集まったりする機会がすごく多いんです。幼い頃からそうでした。昔はいまのように仲が良いわけではなかったので、食卓を囲むたびに息が詰まるような感覚になりました。それが映画に投影されているのでしょう。

韓国で上映した時には「家でこんなに頻繁に食事をするんですか?」とよく質問されました。家族で食事をすることはほとんどないという人もいたんです。不思議でしたね。それを聞いて、「わたしはいつの間にか自分の家族を描いていたんだ」と思いました。会話は少なくても全員でテーブルを囲んでご飯を食べた、子ども時代のわが家が映し出されていたのだと。作り手が気づかず、無意識に自分を投影していることもあるんです。

——ヨンジ先生がウーロン茶を淹れるシーンが印象的でした。余白を生かした手法は、文学的でもあります。

お茶を飲む平和な雰囲気が好きなんです。ヨンジだったら、あんなふうにお茶を淹れるのではないかと自然に思いました。キャラクターを立体的につくる時に、お茶、お香、本などがヨンジのイメージと合うような気がしたんです。

「お茶を飲む」というのは、能動的な行動だと思います。お酒よりもお茶を飲むほうが、相手を感じられる気がするし、子どもにお茶を出す姿がクールに感じました。子どもにはイチゴやチョコを出したりしますよね。でも、ヨンジだったらお茶を淹れるのではないかと思いました。

——なかでも、なぜ「ウーロン茶」だったのでしょうか。

わたしが通っていた塾の先生がウーロン茶を淹れてくれたことがあったんです。当時は名前がすごく面白いなと思いました。その記憶を盛り込んだのです。先生がお茶を淹れてくれた時の空気感がとても良かったから。

お茶の名前を変えようか、緑茶にしようかと思ったこともあったのですが、セリフがとても良かったのでウーロン茶のままにしました。その後、ウーロン茶は心に平穏を与えるお茶だということを知って、そのままウーロン茶でいくことに決めました。

——映画のなかに木が風に揺れたり、植物に陽が差し込んだり、自然をモ

チーフに希望を描いているようなシーンがところどころに登場します。

木や植物が好きなんです。自然の躍動感を盛り込みたいと思いました。暗い内容も多いので、外の空間にだからこそある、自然の光や木々の生き生きとした様子をあえて捉えたんです。ロケ地を探すのにはとても苦労しました。暗いテーマでも、笑ったり楽しんだりするのが良い映画だと考えているんです。家でのウニは暗いので、外にいる時は生き生きと、友だちといる時のシーンも光や緑があふれる場所で撮影しました。木々の緑が印象的だという観客も多く、気づいてくれる方も多くうれしかったです。

──時代を象徴するように、手書きを介した手法でコミュニケーションするシーンも多かったですね。

おっしゃる通り、スマートフォンがない時代には、手書きの手紙やポケベルでやりとりしていましたよね。完成した映画をあらためて観ると、手紙やメモを渡すシーンがとても多いことに気づきました。実はメモのシーンを最初から最後まで散りばめたかったのです。わたしは、文字を書く音が聞こえる映画が好きなんです。文字を書く音が聞こえると、なぜだか心が落ち着くから。こう感じるのはわたしだけかと思ったのですが、『はちどり』の手書きのシーンが良かったという人もたくさんいました。みんな手書きの質感が好きなんだと気づきました。

制作の過程では、手紙を書くシーンをどこまで見せるかを悩みました。映画の時間も長くなってしまうので。でも、手書きの手紙には魂が宿ると本で読み、カットせずに入れようと決めました。ウニが手紙を書く時

子どもは親にどんな返事をするのか、
兄弟とののかかわり、友達との関係、
家族についてどう話すのか。
そうした関係が、
「食事」を介すことでより、生き生きと見えてきます。

『はちどり』から4年の時を経て

に、一瞬手を止めるシーンがあります。その余白こそが人間的だと思ったんです。主人公が察知している感情そのものを見せられる。編集でも、そのリズムを生かそうと工夫しました。どこでカットするかも考えましたね。書き終えたところですぐカットしたりせずに、最後の余韻まで生かしました。ディテールをすべて盛り込もうとして担当編集の恨みを買ったりもしました（笑）。けれど、素晴らしい編集に仕上げていただき感謝しています。とにかくいろいろな工夫がありました。

――全体的に余白のあるカットを多用されています。

そうですね。わたしは観客には考える時間が必要だと思ってます。シナリオをつくるときにルールがあるんです。あまりにも余白がなく密度が高い映画は、むしろ飽きてしまう。息をつく瞬間がないので、疲れてしまうんです。娯楽大作を観たあとに、疲れてしまうことはありませんか。それは観る人に考える余韻を与えないから。それよりもわたしは余白をたくさんつくって、観る人が自分のことを考えたり、幼い頃に思いをめぐらせたりする空間をつくるように目指しました。緊張感あふれるシーンのあとには、必ずなにもないようなシーン、風景のなかでウニが遊ぶシーンや、風が吹くシーンなどを入れるようにしました。映像にリズムをつくろうとしたんです。どこに余白を入れるかは、かなり考えましたね。シーンを書いた紙を壁に貼って、順番を繰り返し入れ替えたりしながら、スタッフとも何度も話し合いました。担当編集の怒りを何度も買いましたけどね（笑）。

――監督ご自身も手書きの付箋を活用されたのですね（笑）。

ウニが手紙を書く時に、一瞬手を止めるシーンがあります。
その余白こそが人間的だと思ったんです。

はい（笑）。付箋と、いろんな色のインデックスカードを活用しました。

——文字を書く音を大切にしたとおっしゃっていましたが、映画からは工事
の音も聞こえてきました。1994年当時の韓国は、再開発する地域が多かった
と記憶しています。工事の音も演出として入れたのでしょうか。

はい、入れたシーンもあるし、いつのまにか紛れていたシーンもありま
す。ヨンジに会いに行くシーンの舞台は、ソウル近郊の城南です。城
南は、にぎやかな地域なんです。また、ヨンジの家を撮影したのもソウ
ル近郊のとある町でしたが、ちょうどその日に工事をしていて、その音
が録音されてしまったんです。工事の音は編集で消すこともできたのです
が、わたしはその音が好きでした。なぜなら、おっしゃる通り、韓国
は1994年頃の再開発から今日まで、工事の音がずっと聞こえてくる国
なんです。だから、映画にピッタリだと思ってそのまま生かすことにしま
した。工事の音をわざと入れたシーンもあります。

——自然の音が、まるでBGMのように印象的でした。1994年に韓国に住
んでいた時に自然に聞こえてきた音そのものだったので、懐かしくなりました。

音について気づいてくれて、とてもうれしいです。すごく細かく耳を傾け

ながら映画を観てくださって、不思議な感じがします。

サウンドデザインにも気を使いました。たとえば、日が暮れる時間に、子どもたちが家の外を通る音。そんな情緒を盛り込みたかったんです。ウニがひとりで家で横になっている時に聞こえてくるテレビの音や、子どもたちが外で騒ぐ声、誰かがピアノを練習する音。そんな何気ない日常の音をたくさん入れました。

——「カクテル・ラブ」や「愛はガラスのようなもの」など、当時流行した曲も流れます。これらの曲を選んだ理由を教えてください。

すべての基準は、この作品に合っているかどうかです。当時流行していた曲は、演出部のスタッフがひと通りチェックしました。リストのなかから、わたしが好きだった曲や印象に残っている曲を選びました。「カクテル・ラブ」は、ウニが恋をしている時に聴く、さわやかなで生き生きとした曲です。当時人気だった生き生きとした曲は、Roo'Ra やソテジワ・アイドゥルなどたくさんありますが、映画とは情緒が合わないんです。それらは有名すぎるので、それよりも、はつらつとしつつ、ちょっと曖昧なニュアンスの「カクテル・ラブ」が合っていると思いました。「愛はガラスのようなもの」は、子どもの頃に好きだった曲で、「ユリ」という言葉がタイトルに入っているので（韓国語でガラスはユリ。「愛はユリのようなもの」という登場人物の名前と掛けことばになっている）、選んだのですが、歌詞もピッタリだと思いました。曲を使用する著作権許可を取るために、それぞれの作詞家や作曲家に会ったのですが、「愛はガラスのように」の作詞家が、『はちどり』で使うことをとても喜んでくれて、すごくうれしかったです。

映画をつくるということ

——監督は、文章や音楽などさまざまな表現方法があるなかで、なぜ映画を選んだのでしょうか。

高校の時、映画演劇科に進学したんです。大きな夢があったわけではなくて、勉強が嫌いだったから。大学で映画をもっとやりたいと思うようになったんです。それで、大学では映画を専攻し、課題で映画をつくっているうちに、映画のことが好きになりました。監督のなかには「子どもの頃にある作品を観て監督を志しました」という方もいらっしゃいますが、わたしはそういう経験はありません。高校までそんなに映画に詳しくなかったけれど、観るのは好きでした。別の世界に行けるような気がしたからです。

映画の世界で、葛藤したり、疎外されたりしている、さまざまな人たちを見ていると、気持ちが楽になり、癒されました。すべての人がそれぞれの苦悩を抱えて生きているんだ、と映画にはアウトサイダーがたくさん登場しますよね。そこに共感を覚えます。なぜなら、わたしも自分のことをアウトサイダーだと思っていたからです。

映画に対する知識があったわけでもないまま、映画をつくるようになったのですが、やってみたらすごく面白かった。大学時代は、褒められたりもして、楽しくつくっている感じでしたね。でも次第に、自分の欲望のためではなく、この世の中のために映画をつくりたいと思うようになりました。

　　　　　　　　　『はちどり』から4年の時を経て

映画をつくることは難しい。正直に言うと、やめたいと思ったことは何度もあります。内向的な人間にとって、映画をつくる作業はとても大変なのです。人に会って、人間関係を構築してこそ、うまくいくことだから。映画そのものというよりも、それを取り巻くものが難しいと感じました。そして、あまりに大変だからこそ、自分の欲望のためにやる動機付けができないんです。やがて目標も見えなくなり、なぜ映画をつくるのかわからなくなってしまいました。そうして、自分にとって楽なことをやりたいと思うようになりました。世の中に楽なことはありませんが、少しだけ心が楽なこと、ひとりでできることをやりたいと。

そんななか、誰かのために映画をつくるのであれば、続けられると感じたんです。自分の成功のためではなく、たくさんの人の役に立てるのであれば、つらくても耐えられるのではないかと。自分のためではなく、他の人がどんな物語を望んでいるのか、どんな話をすれば共感できるのか、本気で考えてつくりたいと思ったんです。自分の賢さや技術を、アピールするような映画もありますよね。観客はまるで理解できないタイプの作品。監督に「どういう意味ですか?」と尋ねると、「理解しなくてもいいんです」と答えが返ってくるようなものにはナルシズムを感じてしまいます。そういった作品ではなく、面白く、わかりやすく、観客全員が理解できる映画をこれからもつくりたいんです。

――「誰かのため」が原動力というのは、あらゆる物事の本質な気がします。

はい。わたしが尊敬している監督たちのなかには、映画が難しくて観る人が理解できない作品をつくる方はいません。エドワード・ヤン監督や、是枝裕和監督の映画は内容が深いけれど、理解できますよね。小

津安二郎監督も、日常の深いところをシンプルなことばで表現していま
す。以前、授業で「中学生でもわかることばで映画をつくりなさい」と
聞いたことがあります。「ことばはシンプルでも、意味に奥行きがあって、
美しい作品をつくるのがいい」と。とても共感しました。わたしは、深
い話を簡単なことばで表現する方がむしろ難しいと考えます。面白くて
深くて、幅広い人が共感できる映画をつくりたいと思いながらつくった
ので、わたしはつらいことも乗り越えられたのです。

――好きな小説やエッセイなどはありますか。

最近知ったアメリカの作家でエリザベス・ストラウト。『オリーヴ・キタリ
ッジの生活』という作品を書いた方です。HBOでドラマ化されました。
その人の作品を数年前から読んでいますが、自分の世界観に近いと思
いました。エドワード・ヤン監督の作品も好きなのですが、世の中を遠
くから、人間の喜怒哀楽や美しさを評価することなく観察していますよ
ね。一見愚かに見えるキャラクターにも愛情を寄せている。そんなとこ
ろが好きです。エリザベス・ストラウトの作品にも愚かな人、利己的な
人、いろいろな人が出てきますが、あらゆる人間を尊重しているので
す。どんな人も悪くない。すべてのキャラクターを善悪で区別せずに豊
かに細やかに描いています。壮絶な状況でも愛と尊さを込めて表現す
る。わたしも、まだまだですが、エリザベス・ストラウトやエドワード・
ヤン監督のような境地を目指したいと思っています。

韓国の作家では、少し昔の作品ですが、オ・ジョンヒという『鳥』な
どの小説を書いている方がいます。日本ではあまり知られていないか
もしれませんが、韓国では好きな人がたくさんいて、わたしもこの方の

本で勉強しました。

日本の方では、津島佑子さんの本が好きです。太宰治さんの娘ですね。韓国ではそれほど知られていませんが。

――**音楽などではいかがでしょう。**

…難しいですね。ああ、アメリカのパット・メセニー・グループが好きです。

日本の音楽では、いま『スペクトラム』のシナリオを書きながらBGMとして聴いているものが2、3曲あります。聴くとすらすら書ける曲があるんです。そのひとつが坂本龍一さんの楽曲で、静かで宇宙を感じさせる『async』に収録されている「solari」です。他の2曲は、映画に使うかもしれないし、映画のネタバレになるかもしれないので、まだ秘密です（笑）。

――**映画をつくるのは孤独な仕事ともいえます。自分を維持するために心がけていることはありますか。**

瞑想を長い間続けています。自分のメンタルヘルスを維持するためにわたしが心がけていることがいくつかあるのですが、そのひとつは「他人のせいにしない」。難しいですよね。振り返ってみると、自分を苦しめた人は自分に気づきを与えてくれたと思えてくるんです。わたしたちは良いことと悪いことを区別しがちですが、そういった区別はないのかもしれません。

映画にはアウトサイダーがたくさん登場しますよね。
そこに共感を覚えます。なぜなら、
わたしも自分のことをアウトサイダーだと思っていたからです。

Photographs by EPIPHANY FILMS & On still by Zoe Sua Cho

　　　　　　　　　『はちどり』から4年の時を経て

「幸せな人は他人を傷つけない」ということばがあるのですが、その通りだと思います。わたしも幸せな時は周りの人にも親切にしますが、自分がつらい時は他人を傷つけたりしてしまいます。誰かを傷つけた人自身が、実は苦しんでいることを思うと、その人は加害者なのではないのかもしれません。いじめの加害者も、愛情を与えられていれば、誰かをいじめなかったのではないでしょうか。

時々、無礼な人に会って驚くことがあります。やってみたい映画の企画について話した時に、「そんな作品を表現するには、（有名監督の）〇〇さんぐらいのレベルにならないと難しい」とある方に言われました。わたしは当惑しながらも面白いと感じました。こんな反応もあるんだ、と。その後、その人はこれまで家で一度も褒められたことがなかったと聞きました。「だから、あの人は誰かがなにかをしたい気持ちに対し、あんなふうに言ってしまったのか」と思ったんです。反対に、他人を責めない人の心には、自由があるのだと思います。

もうひとつは、「未来や過去を考えない」こと。今日だけに集中すると、一日が豊かになる気がします。

話が長くなりましたが、自分の管理をいつもどうしているのかと問われれば、今日一日に集中しているというのが答えです。いま手がけている『スペクトラム』が失敗する可能性もあります。数百億ウォンの予算なのですが、運が悪く映画が完成しないかもしれません。それでもわたしは幸せでありたいし、未来を心配しないように努力しています。なぜなら『はちどり』をつくった時もどうなるかわからなかったからです。成功したあとは、「なんであんなに心配したんだろう」と。『スペクトラム』

も同じ気持ちです。未来を心配しない。

ひとつめは他人のせいにしない。ふたつめは、過去や未来を気にせず、今日一日にベストを尽くす。このふたつだと思います。

——映画を通して、今後も伝えていきたいことはありますか。

わたしに限ってですが、さまざまな芸術のなかで惹かれないものは、「人生には意味がない」「人間はみんな同じだ」「実は人間はすごく弱い」と、人間の脆さや弱さだけを描く作品です。人間の悲惨な姿を描写する、「一見、優しい人も実は悪魔のようだった」というのがテーマの映画もありますよね。そうして人間の卑劣な姿を見せる。わたしはそういう作品をつくりたいとは思いません。映画監督には自分が見つめる世界を伝える役割がありますが、わたしはそんなふうには世の中を見ていないんです。

人間にはもちろん愚かですごく弱い部分もありますが、互いに手を差し伸べ、愛を分かち合おうという気持ちが最も大きいのだと信じています。そして、わたしは世界をそんなふうに見ています。人間の卑劣な面を描く作品が間違っているということではありません。ただ、自分が見た世界を伝えるのであれば、わたしは本当に「世界は不思議で美しい」とヨンジのセリフのように思っているのです。

美しい世の中をどのように見せるのか。『はちどり』も、美しいという人もいらっしゃいますが、きれいごとばかりではないですよね。家族の葛藤や社会の暗い面も見せながら、人間は互いを愛そうと努力している。

愚かな部分もあるけれど、人間は互いに向き合い前進し、自らを追求しながら自由になるという希望を描いているんです。家族も先生もつらい思いを抱えているけれど、一方でみんなが、どんなふうにすれば互いを愛し、より良い社会をつくれるかと悩んでいる。これからも映画をつくるときは、人間には愚かな部分もあるけれど、互いを愛し、コミュニケーションを取ることが大切なのだということを伝えていきたいです。わたしはそんな思いを込めて『はちどり』をつくりました。

桑畑優香

ライター・翻訳家。早稲田大学第一文学部卒業。1994 年から 3 年間韓国に留学、延世大学語学堂、ソウル大学政治学科で学ぶ。「ニュースステーション」のディレクターを経てフリーに。多くの媒体に映画レビュー、K-POP アーティストの取材などを寄稿。訳書に『韓国映画 100 選』（クオン）、『BTS を読む』（柏書房）など。「ユリイカ 2020 年 5 月号 特集＝韓国映画の最前線」（青土社）でキム・ボラ監督のインタビューを担当した。

感謝のことば

『はちどり』を共につくってくれた俳優とスタッフに感謝します。なかでも、チョ・スアプロデューサーとウニ役のパク・ジフさん、カン・グッキョン撮影監督、そして演出チームに感謝を伝えます。映画が完成し、『はちどり』を世界に羽ばたかせてくれたコンテンツパンダ、クグェジャドゥル、そしてアットナインに感謝します。素敵な本をつくるためにご尽力いただいたアルテ出版社、名文を寄稿し、対談してくださった5人の作家の方々にも感謝のことばを伝えます。瞑想を教えてくださったイ・ヘヨン先生、チン・ヨ先生、仲間のみなさんに感謝します。最後に、十数年にわたる成長の過程でわたしを支えてくれた友人、恋人、そして家族にも深く感謝いたします。

あなたたちがいたから、はちどりはここまで飛ぶことができました。

日本の読者のみなさまへ

みなさま、こんにちは。『はちどり』の日本公開当時、コロナ禍で来日できず、とても残念でしたが、紙面ながらご挨拶できてうれしく、感謝しています。『はちどり』にたくさんの愛情を寄せていただき、どうもありがとうございます。『はちどり』の日本での反応は翻訳機を通して、たびたび読んでいました。とてもありがたく、胸がいっぱいになりました。日韓両国は同じような形の痛みを共有しており、日本での反応がより深い意味を持って胸に迫ってきたからです。

数年前、夫の母に初めて会った時、彼女のなかにわたしの姿を見ました。夫の母は日本の小さな村で生まれ、後に日本を離れてアメリカに移住し、現在70代の日系アメリカ人です。彼女は日本社会で、「ここにわたしの居場所はないのに間違って生まれてきたようだ」と感じていたそうです。それはわたしが生まれ育ったなかで感じた気持ちと似てい

ました。わたしは韓国に暮らしながら、怒りが湧いてくることが多々ありました。しかし、怒ってばかりいては日常を生きられないため、沈黙して無視することを選び、時には社会が間違っているのではなく、怒りを覚えるわたしが間違っているのではないかと自問することもありました。

日本の社会学者、岸政彦氏は著書『断片的なものの社会学』のなかで、「平凡な」人々のブログをよく読んでいると言及しています。その言及から、巨大な社会学の論議を超え、生身の人々の話を聞こうとする社会学者の思慮深さを感じました。わたしもまた「平凡な」人々の話に関心を持ち続けてきました。思い起こせば、映画を愛するようになったきっかけも、映画は権力者よりも「輝く敗者」が主人公になる世界だからでした。『はちどり』が公開されたあと、なぜ女子中学生を主人公にしたのかと、よく聞かれました。その度に、女子中学生がなぜ主人公なのかと問うこと自体に答えがあると思いました。メディアは奇妙な方法で女子中学生を明るくかわいい存在として対象化しますが、わたしは『はちどり』でそんな女子中学生の真の顔を浮き彫りにしようとしました。「平凡な」女子中学生、ウニの目が直視する1994年の韓国をいかなる郷愁も交えずにさらけ出したかったのです。

1994年、ウニの家族や学校、ウニを取り巻く社会は「正常」でした。韓国の観客は、ウニの一家はあの時代のごく平凡で「正常な家族」だったと振り返っています。わたしたちはこの社会の嘘と暴力、正常でないにもかかわらず正常であるかのように感じるもののなかで摩耗されています。その度重なる摩耗が亀裂を生み、大きな崩壊へとつながりました。果たしてなにが「正常」なのかを問いかけて確かめなければ、「崩壊」は依然として社会の至る所で起こります。正常でないものが

正常だと見なされている社会では、わたしたちは自らの怒りと無気力感さえ疑い、自分のせいにしてしまいます。

『はちどり』の公開後、多くの観客のみなさんから直筆の手紙を受け取りました。観客のみなさんが伝えてくれた貴重な話は、これからも映画をつくるわたしにとって大きな力になっています。男性の観客の方は、男性性を強要され、劇中のジワンやデフンのように平凡な男性として生きてきたけれども、いつも自分はウニのようだと感じていたと打ち明けてくれました。女性の観客の方は、ウニが「わたしは性格悪くない。ひねくれてるって、そんなこと言わないでよ！」と叫ぶ場面に深く共感したそうです。『はちどり』によって「わたしの傷にことばができたように思えた」という、ある20代の女性の手紙は特にずっと記憶に残っています。その手紙を読んだ日の夜、号泣しました。わたしは20代初めからフェミニズム、社会学、瞑想などに接することでわたしの人生の怒りの原因を知りました。その時からわたしのことばを探す旅が始まりましたが、『はちどり』を介してわたしたちの物語が出会い、通じ合えたことに心から感謝しました。

『はちどり』をつくりながら、幼少期とうまく決別できました。過去に縛られていた気持ちにも、徐々に別れを告げました。いつだったか、「幸せな人は、他人を傷つけることはできない」ということばを聞いた時、心のなかのなにかがほぐれていくのを感じました。これまでの人生でわたしを傷つけたと思っていた人たちは果たして加害者なのか、その人たちは果たして力を持っていたのかと自問したところ、そうではありませんでした。傷は果たして実在するのか。その人たちはただ、それ以上の術を知らなかっただけなのかもしれません。わたしたちはよりよい

術を知らずに、傷つけ合うだけなのです。

わたしはいくつもの日々を経て無事、大人になりました。たまに14歳
のウニのように、心細くなる時もあります。そんな時は、ヨンジ先生に
なって自分を慰めます。幸いなことに、わたしはとても強くなりました。
わたしが経験した被害だけでなく、大人になったわたしが人々に与え
てしまった傷についても振り返るようになりました。社会的な抑圧は消
えずに残っています。これからは被害と加害を超え、わたしの関係性
のなかで、わたしが属する社会のなかで、わたしたちみんながどんな
ふうに絡み合い、傷つけ合っているのか、その光景ものぞいてみたい
と思います。

「正しい生き方って何だろう」

『はちどり』に登場するヨンジ先生の最後の手紙を思い返す時があり
ます。その答えはいまなおわかりません。ただ、わたしの目の前にい
る誰かに注意を払い、なにひとつ安易に判断したくありません。わた
しの願いは、今日一日をつつがなく生き、しっかり見て聞いて、あな
たとわたしが違わないことを認識し、責任感のある大人になることです。
これからも、耳を傾けなければすくい取れない存在の声を映画に描き
たいと思います。

日本の読者のみなさんに改めて感謝のことばを伝えます。そしてみなさ
んの体と心が満たされ、健康であることを願っています。

キム・ボラ

はちどり
1994年、閉ざされることのない記憶の記録

2023年4月4日　初版発行

著者：キム・ボラ
チェ・ウニョン、ナム・ダウン、キム・ウォニョン、チョン・ヒジン、アリソン・ベクダル

翻訳：根本理恵
装丁：米山菜津子
日本企画執筆：桑畑優香
校正・校閲：関島裕子
企画・編集：朝木康友
協力：Epiphany Films、アニモ・プロデュース

発行人：長嶋うつぎ
発行所：株式会社オークラ出版
　　　　〒153-0051 東京都目黒区上目黒1-18-6 NMビル
　　　　電話　03-3792-2411（営業部）　03-3793-4939（編集部）
　　　　https://oakla.com/

印刷：中央精版印刷株式会社

ISBN 978-4-7755-3011-5

本書は、韓国文学翻訳院の助成を受けて刊行されました。
This book is published under the support of Literature Translation Institute of Korea（LTI KOREA）

日本音楽著作権協会（出）許諾番号 2301117-301号